하루 한 문단 쓰기

휘리릭

초등
4문장
글쓰기

유시나 선생님은요……

중앙대학교 예술대학원에서 미디어스토리텔링을 전공하고 예술학 석사 학위를 받았습니다.
지금은 창작기획연구소 〈봄눈〉에서 다양한 스토리텔링 콘텐츠를 기획 집필하고 있습니다.
지은 책으로는 《휘리릭 초등 4문장 글쓰기 고사성어 편》, 《뿡뿡 방귀병에 걸렸어요》,
《멍멍 강아지로 변했어요》, 《으악! 말씀씀귀가 나타났어요》, 《세계사와 함께 보는 어린이
한국사 2》, 《10인의 경제학자가 남긴 위대한 유산》, 《쉬운 위기 탈출 백과》 등이 있습니다.

하루 한 문단 쓰기

휘리릭 초등 4문장 글쓰기 아라비안나이트 편

| 초판 1쇄 인쇄 2021년 7월 1일 | 초판 1쇄 발행 2021년 7월 15일

| 지은이 유시나 | 발행인 김태웅 | 기획·편집 이지은 | 마케팅 총괄 나재승 | 제작 현대순 | 디자인 syoung.k | 일러스트 ㈜어필

| 발행처 (주)동양북스 | 등 록 제 2014-000055호(2014년 2월 7일) | 주 소 서울시 마포구 동교로22길 14 (04030)
| 구입문의 전화 (02)337-1737 팩스 (02)334-6624 | 내용문의 전화 (02)337-1763 이메일 dybooks2@gmail.com

ISBN 979-11-5768-717-6 64700 | ISBN(세트) 979-11-5768-628-5 64700

〈일러두기〉
– 이 책은 국립국어원에서 지정하는 한국어 어문 규범의 원칙을 따랐습니다.
– 원고지 쓰기법은 어문 규정과 달리 통상적인 사용법을 따릅니다.
  이 책은 한국독서문화재단의 글나라 연구소(gulnara.com)의 원고지 사용법을 따랐습니다.
– 책 제목은 《 》, 작품의 제목은 〈 〉으로 표기했습니다.

하루 한 문단 쓰기

휘리릭

초등
4문장
글쓰기

아라비안나이트 편

유시나 지음

동양북스

천일 하고도 하루의 밤을 수놓은 옛이야기가 여러분의 상상력을 쑥쑥 키워 줄 거예요!

램프의 요정 지니를 불러낸 알라딘, "열려라, 참깨!"를 외치는 알리바바, 흥미진진한 모험을 떠나는 신드바드…… 모두 유명하고 우리에게 친숙한 이름들이지요. 어쩌면 재미있는 영화나 만화로도 접했을 수 있겠네요. 이들에게는 한 가지 공통점이 있는데요. 과연 무엇일까요?

정답은 바로 《아라비안나이트》에 등장하는 인물들이랍니다! 《아라비안나이트》는 아랍 지역에서 옛날부터 전해오는 이야기를 계속해서 덧붙이고 발전시켜 오늘날까지 이른 고전 문학이에요. 오랜 시간에 걸쳐 많은 사람의 재치와 상상력이 더해진 덕분에 각양각색 다양하고 흥미진진한 이야기가 탄생할 수 있었답니다.

아랍 지역 사람들이 다채롭고 풍성한 상상력으로 빚어낸 《아라비안나이트》는 당시 아랍 사람들이 살았던 모습을 비춰 줄 뿐만 아니라 오늘날까지도 우리를 깊이 일깨우는 삶의 교훈과 가치를 전해 주어요. 더불어 가슴 뛰는 모험과 환상의 세계로 데려가 준답니다. 그래서 《아라비안나이트》는 시대를 뛰어넘어 전 세계 사람들에게 꾸준히 읽히고, 영화나 만화와 같은 다양한 창작물로 계속해서 사랑받고 있지요.

그래서 《휘리릭 초등 4문장 글쓰기 아라비안나이트 편》에서는 《아라비안나이트》 중에서도 동서고금을 막론하고 많은 사람이 즐겨 읽고 우리가 꼭 알아야 할 이야기를 가려 뽑아 흥미로운 동화로 재구성해 보았어요. 먼저 쉽고 재미있는 동화를 읽으면서 자연스럽게 《아라비안나이트》의 모험과 환상의 세계로 들어갈 수 있게 이끌어 주지요. 그런 다음 동화 속 인물관계도를 통해 이야기를 정리하고 보다 잘 이해할 수 있도록 도와줘요. 특히 《아라비안나이트》 본연의 액자식 구조를 살린 5개 장으로 구성하여 방대한 《아라비안나이트》를 압축적이고 핵심적으로 학습할 수 있게 준비했답니다.

5개 장은 각각 카테고리에 맞는 이야기가 5개씩 실려 있어요. 먼저 《아라비안나이트》의 원전에 수록된 이야기를 어린이 눈높이에 맞춰 풀어쓴 동화를 읽고, 인물관계도를 통해 동화의 내용을 한 번 더 정리해요. 그다음에 동화의 내용을 떠올리면서 총 4가지 문제에 답을 한 문장으로 써 보아요.

첫 번째는 이야기의 핵심이 되는 문장을 따라 쓰는 거예요. 한 글자씩 또박또박 따라 쓰면서 동화의 내용을 확실하게 떠올릴 수 있어요. 두 번째는 동화의 내용을 잘 이해했는지를 확인하는 문제이지요. 세 번째와 네 번째는 여러분의 생각을 묻는 질문이에요. 그리고 마지막으로는 1문장씩 순서대로 써 내려간 4문장을 한데 모아 써 보아요. 그러면 하나의 멋진 문단을 완성해 볼 수 있답니다.

이처럼 동화의 내용을 이해하는 '읽기'와 이야기의 핵심을 찾아 자신의 생각으로 연결하고 문장으로 표현하는 '쓰기'의 학습 과정을 체계적으로 따라가면서 그간 분리되었던 '읽기'와 '쓰기'를 자연스럽게 연결하고 독서논술의 기초를 탄탄하게 쌓을 수 있지요. 더불어 《아라비안나이트》가 들려주는 흥미진진한 모험과 환상의 이야기를 읽어 나가면서 '읽는 즐거움'을 느낄 수 있고요. 나아가 이야기 속 인물의 상황과 언행 등을 자신의 경우에 적용하여 상상하는 훈련을 통해 상상력과 창의력이 쑥쑥 자라날 수 있어요.

모쪼록 《휘리릭 초등 4문장 글쓰기 아라비안나이트 편》과 함께 쉽고 재미있게 《아라비안나이트》를 읽고, 《아라비안나이트》의 환상과 모험의 세계로 멋진 여행을 떠날 수 있기를 바랍니다.

－2021년 봄 유시나

차례

이렇게 활용하세요!

《휘리릭 초등 4문장 글쓰기》는 우리 친구들이 글쓰기를 어려워하지 않고, 자신의 생각과 느낌을 언제든지 솔직하게 표현할 수 있는 평생 친구로 삼기를 바라는 마음으로 만들었어요. 학년이 올라갈수록 늘어나는 문장형(논·서술형) 시험을 대비하는 건 덤! 이 책으로 자신만의 글쓰기 무기를 만들고, 차곡차곡 쌓은 실력을 마음껏 발휘해 보세요.

1 그림 보고 상상하기

이야기의 내용을 함축하고 있는 그림을 보고 어떤 내용이 펼쳐질지 미리 상상해 보세요. 그림은 이야기를 구체적으로 표현하는 것보다 내용을 상징적으로 나타내고자 했습니다. 이야기의 제목과 함께 각 그림을 통해 등장인물은 누구이고 어떤 상황이 벌어지고 있는지 생각해 보아요. 그리고 생각했던 이야기가 실제 이야기와 얼마나 일치하는지 확인해 보세요.

2 하루 3쪽 읽기

한 편의 이야기는 3쪽 분량으로 이루어져 있어요. 아라비안나이트 편은 이야기 속에 또 다른 이야기가 숨어 있기 때문에 순서대로 읽어야 이야기의 흐름을 더 잘 이해하고 뒷 이야기를 상상해 보는 재미를 느낄 수 있어요. 배경이 되는 지역의 지도나 어려운 표현은 '혹시 궁금하지 않았나요?'에서 찾아보세요.

3 인물관계도로 줄거리 정리해 보기

이야기를 읽고 나서도 내용이 무엇이었는지 잘 기억나지 않는다고요?
걱정 말아요. 귀여운 인물관계도로 내용을 다시 한 번 기억하게 해 주니까요. 참고로 파란색은 친한 사이, 빨간색은 서로 미워하는 사이, 회색은 서로 특별한 사건이 벌어지지 않았지만 연결되어 있는 사이를 나타냅니다. 점선보다는 실선이 더욱 강력한 관계예요.

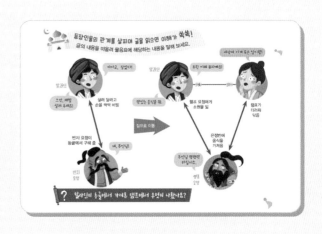

4️⃣ 중심문장 따라 쓰기

맞춤법이 자꾸 틀려서 고민이라고요? 걱정 마세요. 이야기의 중심문장을 칸에 맞춰 따라 쓰다 보면 맞춤법 실력이 훌쩍 자라 있을 거예요.

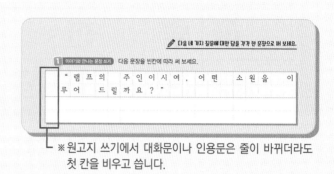

※ 원고지 쓰기에서 대화문이나 인용문은 줄이 바뀌더라도 첫 칸을 비우고 씁니다.

5️⃣ 내용과 생각을 묻는 질문에 대답하기

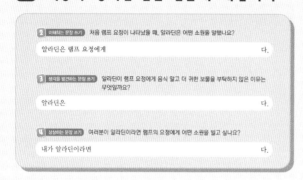

책은 좋은데 독서감상문은 어떻게 쓸지 모르겠다고요?
그래서 힌트를 줄 수 있는 질문을 준비했어요.
세 가지 질문 유형에 따라 각각 1문장으로 써 보는 연습을 하다 보면 독후감 쓰기에 익숙해질 수 있어요.
답에 '누가 ~했는지' 약간의 단서를 주었으니 그에 맞춰 자신만의 답을 잘 찾아보아요.

따라 썼던 중심문장부터 질문에 답한 3개의 문장을 쭉 연결해서 1문단으로 써 보세요. 그리고 그것을 읽어 보세요. 놀랍지 않나요? 내용이 이어지는 멋진 글 한 편이 완성되었어요!
글쓰기는 어려운 것이 아니에요. 중심문장과 연결된 질문에 대한 답만 잘 이어서 쓰면 얼마든지 좋은 글을 완성할 수 있어요.
자, 이제 두려워하지 말고 글쓰기를 시작해 볼까요?

6️⃣ 지금까지 쓴 문장을 모아 써 보기

7️⃣ 가이드북

부모님 혹은 선생님과 함께 가이드북의 예시 답안과
풍부한 배경 설명을 보면서 다양한 이야기를 나눠 보세요.
더 많은 글감을 찾을 수 있을 거예요.

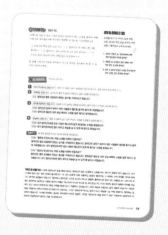

하	루		한		문	단		쓰	기	
	추	천		일	정					

이 책은 여러분이 할 수 있는 만큼씩 진도를 나가는 것이 가장 좋습니다. 가뜩이나 볼 것도, 할 것도 많은 우리 친구들이 글쓰기를 너무 버겁게 느끼지 않기를 바랍니다. 다만 글쓰기는 조금씩이라도 매일 쓸 때 실력이 쌓입니다. 가능하다면 아래 일정에 맞춰 글을 읽고 써 보기를 추천합니다.

1주   잠 못 드는 밤의 시작

토	샤리야르 왕과 셰에라자드
일	당나귀와 황소
월	상인과 지니 요정
화	첫 번째 할아버지와 암사슴
수	두 번째 할아버지와 검은 개 두 마리
목	기억하고 있나요?
금	휴식

2주   알라딘과 요술 램프

토	알라딘과 마법사
일	반지 요정과 램프 요정
월	공주님을 사랑한 알라딘
화	되찾은 요술 램프
수	황제가 된 공주와 알라딘
목	기억하고 있나요?
금	휴식

3주   알리바바와 40명의 도둑

토	열려라, 참깨
일	욕심쟁이 카심의 죽음
월	지혜로운 모르지아나의 활약
화	기름 장수로 변장한 두목
수	알리바바를 구한 모르지아나
목	기억하고 있나요?
금	휴식

4주   신드바드의 모험

토	신드바드의 첫 번째와 두 번째 모험
일	신드바드의 세 번째 모험
월	신드바드의 네 번째 모험
화	신드바드의 다섯 번째와 여섯 번째 모험
수	신드바드의 일곱 번째이자 마지막 모험
목	기억하고 있나요?
금	휴식

5주   1001일 밤의 행복한 결말

토	어부와 항아리 요정
일	나병 걸린 왕과 의사 두반
월	어리석은 왕의 최후
화	바그다드의 상인 알리 코기아
수	마지막 이야기
목	기억하고 있나요?
금	휴식

마음이 여유로운 주말을 적극 활용해 보세요!

1장

잠 못 드는 밤의 시작

샤리야르 왕과 셰에라자드

옛날 페르시아˚에 용맹하고 지혜로운 샤리야르 왕이 있었어요. 샤리야르 왕에게는 샤스난이라는 남동생이 있었는데요. 두 사람은 십 년이나 떨어져 지내느라 서로 만나지 못했답니다.

"나라 안팎을 다스리느라 바빠서 동생을 오랫동안 보지 못했구나. 그동안 어떻게 지냈을까? 동생이 너무 보고 싶다. 대신을 보내서 동생을 초대해야겠어."

샤리야르 왕의 명을 받은 대신은 그길로 샤스난을 찾아가 모셔왔지요. 그런데 이게 웬일이에요? 십 년 만에 보는 샤스난은 얼굴이 몹시 어두웠어요.

"사랑하는 동생아, 얼굴이 매우 안 좋구나. 무슨 걱정이라도 있느냐?"

"사랑하는 형님, 아무것도 아닙니다. 신경 쓰지 마세요."

샤리야르가 아무리 물어봐도 샤스난은 입을 꾹 다물 뿐이었지요. 그럴수록 샤리야르 왕의 걱정은 커져만 갔어요. 그런데 며칠 뒤, 샤스난은 갑자기 얼굴 표정이 확 밝아졌어요. 샤리야르 왕은 깜짝 놀라 샤스난에게 물었어요.

"동생아, 네 표정이 밝아져서 정말 기쁘구나. 네게 무슨 일이 일어난 것이냐?"

샤스난은 말할 수 없다며 고개를 절레절레 저었어요. 하지만 샤리야르가 포기하지 않고 끈질기게 물어봤지요. 결국 샤스난이 한숨을 푹 내쉬며 사실대로 털어놓았답니다.

"사실은 제 왕비가 저를 배신했습니다. 그래서 매우 고통스러웠는데 우연히 형수님이 형님을 해칠 음모●를 꾸미는 것을 보았습니다."

"뭐라고?"

"그 순간 깨달았습니다. 왕비의 배신이 제게만 일어난 불행이 아니란 걸요. 여자란 원래 믿을 수 없는 존재라고 생각하니 제 마음이 편해졌습니다."

샤스난의 이야기에 샤리야르 왕은 큰 충격을 받았어요. 당장 왕비와 배신자들을 잡아다 처형했지만 샤리야르 왕은 전혀 화가 풀리지 않았어요.

"내가 어리석었다. 처음부터 여자를 믿지 않았다면 배신당할 일도 없었겠지. 이제 다시는 어떤 여자도 믿지 않겠노라."

샤리야르 왕은 동생 샤스난이 떠나자마자 무시무시한 법을 만들었어요.

 혹시 궁금하지 않았나요?

- **페르시아** 먼 옛날에 이란 지역을 중심으로 세워진 제국을 가리키는 말이에요. 서아시아와 중앙아시아와 캅카스 지방을 포함하는 넓은 지역을 아우르지요. 《아라비안 나이트》에서 페르시아는 대략 6세기경의 사산 왕조(226년~651년)를 배경으로 한다고 알려져 있어요. 당시 페르시아의 영토는 이란을 중심으로 터키 동쪽과 인도 북쪽의 땅을 아우른다고 해요.
- **음모** 나쁜 목적으로 몰래 나쁜 일을 꾸미는 짓이에요.
- **비극** 슬프고 괴로운 일을 당해서 행복하지 않은 경우를 가리키는 말이에요.

〈페르시아 제국의 영토와 현대 지명〉

"앞으로 왕과 결혼하는 신부는 첫날밤을 지내고 난 다음 날 아침에 사형에 처한다."

정말 샤리야르 왕은 날마다 새로운 신부를 맞이했고 그다음 날 아침이 되면 신부를 사형대로 보냈어요. 그렇게 불쌍한 신부가 죽임당할 때마다 딸을 잃은 부모의 울음소리가 온 나라에 퍼졌지요.

"아, 도대체 언제까지 죄 없는 아가씨들이 목숨을 잃어야 할까?"

샤리야르 왕을 모시는 재상도 가엾은 신부들의 죽음에 마음 아파했어요. 그때 재상의 첫째 딸 셰에라자드가 말했어요.

"아버지, 부탁이 있어요. 저를 왕의 새 신부로 데려가 주세요."

"절대로 안 된다! 내 손으로 널 죽이라는 말이냐?"

재상은 펄쩍펄쩍 뛰며 반대했어요. 하지만 셰에라자드도 물러서지 않았지요.

"제가 반드시 이 끔찍하고 잔인한 비극●을 끝낼게요. 절 믿어 주세요."

"안 될 말이야! 스스로 죽음의 길로 가지 마라. 제 꾀에 제가 넘어간 당나귀처럼!"

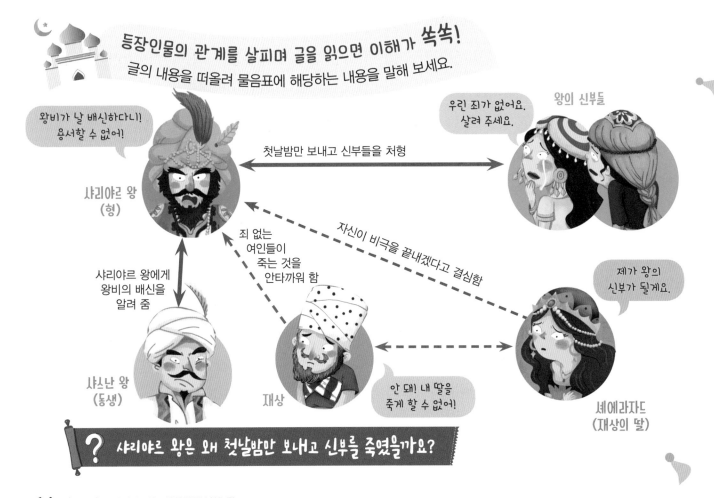

등장인물의 관계를 살피며 글을 읽으면 이해가 쏙쏙!
글의 내용을 떠올려 물음표에 해당하는 내용을 말해 보세요.

왕비가 날 배신하다니! 용서할 수 없어!

우린 죄가 없어요. 살려 주세요.

왕의 신부들

첫날밤만 보내고 신부들을 처형

샤리야르 왕 (형)

죄 없는 여인들이 죽는 것을 안타까워 함

자신이 비극을 끝내겠다고 결심함

제가 왕의 신부가 될게요.

샤스난 왕 (동생)

샤리야르 왕에게 왕비의 배신을 알려 줌

재상

안 돼! 내 딸을 죽게 할 수 없어!

셰에라자드 (재상의 딸)

? 샤리야르 왕은 왜 첫날밤만 보내고 신부를 죽였을까요?

1 이야기와 만나는 문장 쓰기　다음 문장을 빈칸에 따라 써 보세요.

"	앞	으	로		왕	과		결	혼	하	는		신	부	는		첫	날
밤	을		지	내	고		난		다	음		날		아	침	에		사
형	에		처	한	다	.		"										

2 이해하는 문장 쓰기　죄 없는 여인들의 잇따른 처형 소식을 들은 셰에라자드는 어떤 행동을 했나요?

셰에라자드는 　　　　　　　　　　　　　　　　　　　　　　다.

3 생각을 발견하는 문장 쓰기　셰에라자드는 걱정하는 아버지께 왜 자신을 믿어 달라고 했을까요?

셰에라자드는 　　　　　　　　　　　　　　　　　　　　　　다.

4 상상하는 문장 쓰기　여러분이 셰에라자드라면 신부들이 계속 처형된다는 소식을 듣고 어떻게 했을까요?

내가 셰에라자드라면 　　　　　　　　　　　　　　　　　　다.

모아쓰기　위에서 답으로 쓴 네 문장을 연결해서 써 보세요. 하나의 근사한 글이 될 거예요.

당나귀와 황소

"얘야, 나는 네가 스스로 제 무덤을 판 당나귀처럼 되지 않기를 바란단다."

재상은 목숨 걸고 왕의 신부가 되겠다는 셰에라자드의 결심을 바꾸려고 애썼어
요. 그래서 당나귀와 황소 이야기를 시작했답니다.

어느 마을에 신통한 재주를 지닌 상인이 살았어. 어떤 재주냐고? 바로 동물들이
하는 말을 알아듣는 능력이었단다. 하지만 상인에게 이런 능력이 있다는 사실은 아무
도 모르는 비밀이었어. 왜냐하면 동물들이 하는 말을 듣고 다른 사람에게 옮겼다가는
그날로 목숨을 잃게 되기 때문이었지. 하루는 상인이 외양간* 옆에 앉아 있다가 황소
와 당나귀가 하는 이야기를 듣게 되었어.

"휴, 넌 좋겠다. 가끔 주인님이 나들이 갈 때만 주인님을 실어 나르면 되잖아. 난 날마다 아침 일찍 끌려 나가서 온종일 밭을 갈아야 하는데……."

황소가 하소연˙을 하자 당나귀가 혀를 끌끌 찼지.

"넌 정말 바보야. 네가 사람들이 시키는 대로 순순히 따르니까 힘들게 일만 하지. 지금부터는 내 말대로 해. 사람들이 널 데려가려고 하면 딱 버티고 서서 뿔로 받아 버려. 발로 땅을 구르고 소리를 지르면서 반항˙해. 사람들이 먹이를 주면 냄새만 맡고 절대로 먹지 마. 그러면 사람들이 널 다르게 대접할 거야."

"역시 넌 대단해. 알았어! 앞으로는 그렇게 할게."

그날부터 황소는 일꾼이 와서 데려가려고 하면 네 발에 힘을 주고 버텼어. 콧김을 쉭쉭거리며 금방이라도 뿔로 받을 듯 위협했지. 먹이를 줘도 냄새만 쿵쿵 맡고 고개를 홱 돌려 버렸단다. 그러자 일꾼은 얼른 상인에게 가서 얘기했어.

"황소가 먹이를 입에도 대지 않는 걸 보니 아무래도 큰 병에 걸렸나 봅니다."

하지만 상인은 이미 외양간 옆에서 황소와 당나귀가 어떤 이야기를 나누었는지 들어서 알고 있잖아?

'오호라, 황소가 당나귀의 말대로 아픈 척을 하는군. 그렇다면…….'

상인은 짐짓˙ 모르는 체하고 일꾼에게 명령했어.

"아픈 황소를 쉬게 하는 대신 당나귀를 끌고 나가 일을 시켜라. 온종일 쟁기를 메고 밭을 갈게 하되, 순순히 말을 듣지 않으면 혼쭐내 줘라."

일꾼은 상인이 말한 대로 당나귀에게 쟁기질을 시켰어. 당나귀는 아침 일찍 나가서 밤늦게까지 밭을 갈고 돌아왔지. 그동안 황소는 외양간에서 잘 먹고 잘 쉬었단다.

 퀵서 궁금하지 않았나요?

- **외양간** 말이나 소와 같은 가축을 기르는 곳이에요. 주로 집 안이나 집에서 가까운 거리에 외양간을 짓고 가축을 길러서 농사에 도움을 받았어요.
- **하소연** 억울한 일이나 답답한 마음을 이야기하는 걸 말해요.
- **반항** 상대에게 맞서 대들거나 반대하는 일을 말해요.
- **짐짓** 마음으로는 그렇지 않은데 일부러 그렇게 할 때 쓰이는 말이에요.

"당나귀야, 네 말대로 하니까 진짜 좋아."

하지만 당나귀는 너무 지쳐서 대꾸할 힘도 없었어. 먹이를 먹기는커녕 기절하듯 잠들어 버렸어. 아마 당나귀는 이렇게 생각했겠지.

'내가 괜히 나서지 않았다면 이 고생을 하지 않았을 텐데!'

말을 마친 재상은 셰에라자드에게 물었어요.

"그래도 너는 여전히 왕의 신부가 되겠다고 고집부리겠느냐?"

셰에라자드는 여전히 단호한 목소리로 대답했어요.

"아버지, 전 괜찮아요. 제 결심은 변하지 않아요."

셰에라자드가 한사코 고집을 꺾지 않자 재상이 한숨을 푹 쉬었어요.

"알았다. 네 뜻대로 하자꾸나. 너를 왕의 신부로 데려가마."

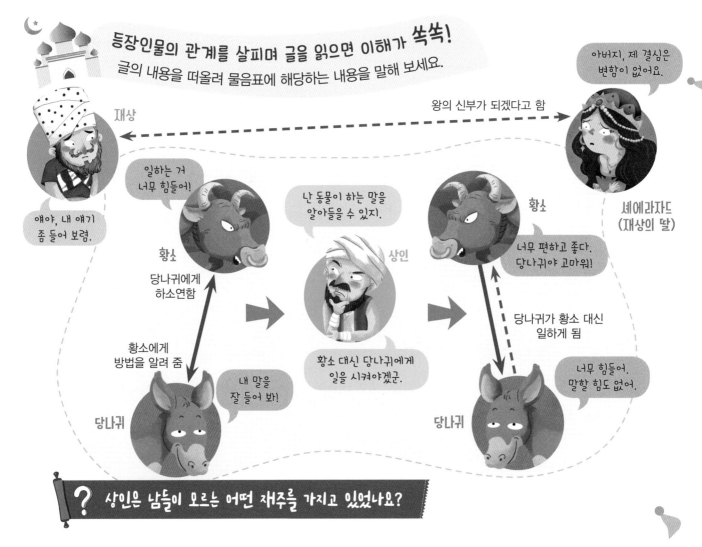

등장인물의 관계를 살피며 글을 읽으면 이해가 쏙쏙!
글의 내용을 떠올려 물음표에 해당하는 내용을 말해 보세요.

아버지, 제 결심은 변함이 없어요.

왕의 신부가 되겠다고 함

재상

셰에라자드 (재상의 딸)

얘야, 내 얘기 좀 들어 보렴.

일하는 거 너무 힘들어!

황소

당나귀에게 하소연함

난 동물이 하는 말을 알아들을 수 있지.

상인

황소

너무 편하고 좋다. 당나귀야 고마워!

황소에게 방법을 알려 줌

내 말을 잘 들어 봐!

당나귀

황소 대신 당나귀에게 일을 시켜야겠군.

당나귀가 황소 대신 일하게 됨

너무 힘들어. 말할 힘도 없어.

당나귀

? 상인은 남들이 모르는 어떤 재주를 가지고 있었나요?

1 이야기와 만나는 문장 쓰기 다음 문장을 빈칸에 따라 써 보세요.

"	황	소	가		먹	이	를		입	에	도		대	지		않	는
걸		보	니		아	무	래	도		큰		병	에		걸	렸	나
봅	니	다	.	"													

2 이해하는 문장 쓰기 상인은 당나귀가 말한 대로 아픈 척하는 황소 이야기를 듣고 일꾼에게 뭐라고 말했나요?

상인은 일꾼에게 　　　　　　　　　　　　　　　　다.

3 생각을 발견하는 문장 쓰기 상인이 당나귀에게 일을 시키라고 말한 이유는 무엇일까요?

상인은 　　　　　　　　　　　　　　　　다.

4 상상하는 문장 쓰기 여러분이 당나귀였다면 처음에 황소의 하소연을 듣고 어떻게 했을까요?

내가 당나귀였다면 　　　　　　　　　　　　　　　　다.

모아쓰기 위에서 답으로 쓴 네 문장을 연결해서 써 보세요. 하나의 근사한 글이 될 거예요.

상인과 지니 요정

셰에라자드는 재상인 아버지를 따라 왕궁으로 갔어요. 그리고 샤리야르 왕의 신부가 되어 왕과 함께 하룻밤을 보냈답니다. 이대로 날이 밝는다면 셰에라자드 역시 사형대로 끌려갈 운명이었지요. 그런데 아직 동이 트기 전, 갑자기 셰에라자드가 간절히 부탁하지 뭐예요.

"왕이시여, 제가 마지막으로 동생에게 이야기를 들려줄 수 있도록 허락해 주세요."

왕이 승낙*하자 셰에라자드는 여동생 디나르자드를 불러 이야기를 시작했어요.

옛날에 부유한 상인이 여행을 떠났어. 나흘째 되던 날, 상인은 호숫가에서 밥을 먹다가 무심코 돌을 집어 던졌는데 갑자기 어마어마하게 큰 지니 요정이 나타났지.

"내 아들을 죽인 놈이 너로구나? 내 당장 너를 죽여 버리겠다!"

"억울합니다! 전 여기서 밥만 먹었을 뿐이에요."

"네가 밥을 먹으면서 던진 돌에 내 아들이 맞아 죽었다. 그러니 나도 반드시 널 죽여야겠어!"

그제야 깜짝 놀란 상인이 납작 엎드려 싹싹 빌기 시작했어.

"아이고, 죄송합니다. 모르고 저지른 실수이니 부디 용서해 주세요."

"안 돼. 내 아들을 죽였으니 너도 죽어라!"

지니 요정은 불같이 화를 내며 칼을 들어 상인의 목을 치려고 했지. 절체절명*의 순간, 상인이 다급하게 외쳤어.

"잠깐만요! 집에 가서 아내와 아이들에게 재산을 나눠 주고 작별 인사를 할 수 있게 1년만 기다려 주세요. 내년 이날에 반드시 돌아올게요! 맹세하겠습니다."

"좋다. 1년 뒤 이곳에서 네 목숨을 거둬 가겠다."

지니 요정은 말을 마치고 홀연히 사라졌어. 곧바로 집으로 돌아간 상인은 가족과 함께 1년을 보냈지. 그리고 약속한 날짜가 되자 다시 지니 요정을 만나러 돌아왔어. 호숫가에 혼자 오도카니 앉아 있는데 웬 할아버지가 암사슴을 끌고 다가왔단다. 곧 다른 할아버지가 검은 개 두 마리를 데리고 나타났어.

"이보시게, 왜 그렇게 슬픈 얼굴로 혼자 앉아 있는 것인가?"

상인은 할아버지들에게 지니 요정을 만났던 일을 조곤조곤 이야기했어.

"어이구 이런! 정말 안타깝구먼. 여기서 자네가 지니 요정을 만나는 순간을 함께 지켜보겠네."

잠시 뒤, 짙은 연기가 뭉게뭉게 일어나더니 지니 요정이 짠! 지니 요정은 대뜸 상

 톡써 궁금하지 않았나요?

- **승낙** 부탁을 들어주는 일을 말해요.
- **절체절명** 끊을 절(絶), 몸 체(體), 끊을 절(絶), 목숨 명(命)을 써요. 몸과 목숨이 끊어지게 되었다는 뜻으로 어쩔 도리가 없는 아주 절박한 위기 상황을 비유하는 말이에요.
- **원수** 자신에게 나쁜 짓을 해서 원한을 산 사람이나 무리를 일컬어요.

인에게 칼을 들이대며 외쳤어.

"내 아들의 원수*! 오늘 내 손으로 네 목숨을 거두겠노라."

바로 그때였어. 암사슴을 끌고 온 할아버지가 지니 요정 앞에 납작 엎드렸지.

"지니 요정님, 잠시만 저와 제 암사슴 이야기를 들어 주십시오. 제 이야기가 흥미롭다면 저 남자의 죄를 반만 용서해 주십시오."

셰에라자드는 여기까지 이야기하고 멈추었어요. 그사이 아침이 밝았거든요. 하지만 함께 듣고 있던 샤리야르 왕은 뒷이야기가 너무 궁금해서 차마 셰에라자드를 처형할 수 없었어요.

"오늘은 일단 그대를 살려 줄 테니 이따 밤에 뒷이야기를 마저 들려주시오."

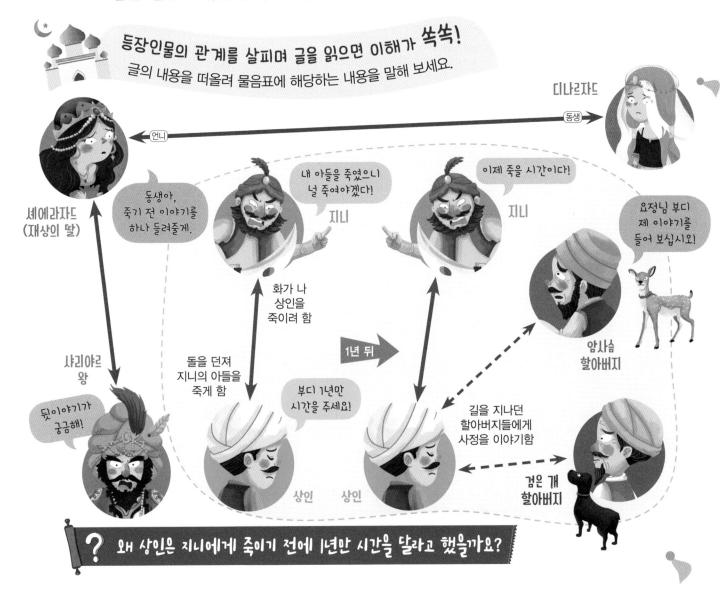

등장인물의 관계를 살피며 글을 읽으면 이해가 쏙쏙!
글의 내용을 떠올려 물음표에 해당하는 내용을 말해 보세요.

디나르자드

셰에라자드
(재상의 딸)

동생아, 죽기 전 이야기를 하나 들려줄게.

내 아들을 죽였으니 널 죽여야겠다!
지니

이제 죽을 시간이다!
지니

요정님 부디 제 이야기를 들어 보십시오!

샤리야르 왕

뒷이야기가 궁금해!

돌을 던져 지니의 아들을 죽게 함

화가 나 상인을 죽이려 함

1년 뒤

부디 1년만 시간을 주세요!

상인

상인

길을 지나던 할아버지들에게 사정을 이야기함

암사슴 할아버지

검은 개 할아버지

? 왜 상인은 지니에게 죽이기 전에 1년만 시간을 달라고 했을까요?

1 이야기와 만나는 문장 쓰기   다음 문장을 빈칸에 따라 써 보세요.

"	왕	이	시	여	,		제	가		마	지	막	으	로		동	생	에	게
이	야	기	를		들	려	줄		수		있	도	록		허	락	해		
주	세	요	.	"															

2 이해하는 문장 쓰기   아침이 되어 셰에라자드가 이야기를 멈추자 샤리야르 왕은 어떻게 했나요?

샤리야르 왕은   다.

3 생각을 발견하는 문장 쓰기   샤리야르 왕은 왜 아침이 밝았는데도 셰에라자드를 처형하지 않았나요?

샤리야르 왕은   다.

4 상상하는 문장 쓰기   여러분이 셰에라자드라면 샤리야르 왕이 밤에 뒷부분을 마저 이야기해 달라고 할 때 어떻게 했을까요?

내가 셰에라자드라면   다.

모아쓰기   위에서 답으로 쓴 네 문장을 연결해서 써 보세요. 하나의 근사한 글이 될 거예요.

첫 번째 할아버지와 암사슴

다시 어두운 밤이 되자 셰에라자드는 전날 밤에 멈추었던 이야기를 이어서 들려주기 시작했어요.

"첫 번째 할아버지는 암사슴을 가리키며 자기 아내라고 말했지요."

저와 제 아내는 오래도록 아이가 없었습니다. 저는 아이를 너무 갖고 싶은 마음에 노예*의 자식을 양아들로 삼았습니다. 그때만 해도 저는 제 아내가 노예와 그 아들을 몹시 질투하고 미워하는 줄은 정말 꿈에도 몰랐습니다. 아내는 제가 여행을 떠난 사이에 아들과 노예에게 마법을 걸었습니다. 아들은 송아지, 노예는 암소로 만들어서 농부에게 보냈답니다. 제가 집에 돌아와서 두 사람의 행방을 묻자 아내는 시치미를 떼고* 거짓말을 했지요. 노예는 이미 죽었고 아들은 집을 나간 지 한참 되었다고요. 아무것도 모르는 저는 한 치도 의심하지 않고 아들을 그리워하기만 했습니다.

그 뒤로 시간이 흘러 어느덧 축제일이 되었습니다. 농부가 제물*로 쓸 암소를 데려왔는데요. 토실토실한 암소가 저를 보고 구슬프게 울지 않겠습니까? 어쩐지 마음이 아파서 그 암소 말고 다른 소를 제물로 바치려고 하자 아내가 펄쩍펄쩍 뛰었지요.

"무슨 소리예요? **당장 이 암소를 제물로 바쳐요!**"

할 수 없이 농부를 시켜 암소를 죽이게 했습니다. 그런데 토실토실해 보였던 암소는 막상 가죽을 벗기자 뼈밖에 없었습니다. 도저히 제물로 바칠 수 없겠더라고요. 그래서 다른 소를 데려오게 했는데, 이번에는 농부가 통통한 송아지를 끌고 왔습니다.

"음매! 음매!"

송아지는 저를 보더니 숨넘어갈 듯 자지러지게 울었습니다. 눈물이 그렁그렁한 눈을 마주하자 아까 암소보다 더 마음이 아팠지요. 결국 저는 옆에서 바락바락 성을 내는 아내에게 다른 송아지를 제물로 바치겠다고 말했습니다.

문제는 그다음 날 벌어졌습니다. 농부의 딸이 저를 찾아와서 충격적인 사실을 알려 주었거든요. 아내가 노예를 소로, 아들을 송아지로 만들었다고요.

"이미 죽은 분을 되살릴 수는 없겠지만, 아드님은 원래의 모습으로 되돌릴 수 있습니다."

농부의 딸은 두 가지 조건을 내세웠습니다. 하나는 제 아들과의 결혼이었고, 다른 하나는 아내가 벌을 받는 것이었습니다. 저는 흔쾌히 고개를 끄덕였습니다. 그러자

 톡씨 궁금하지 않았나요?

- **노예** 인간의 권리와 자유를 빼앗기고, 남의 재산이 되어 물건처럼 사고팔리거나 힘든 일을 하는 사람을 말해요.
- **시치미를 떼다** 원래 시치미는 매사냥에 쓰이는 매에게 붙이는 이름표였는데요. 간혹 이름표를 떼거나 자기 이름표로 바꾸어서 매를 가로채는 사람이 있었다고 해요. 이와 같은 행동에서 '시치미를 떼다'라는 표현이 나왔어요. 자기가 하고도 하지 않은 체하거나 알면서도 모르는 척한다는 뜻이에요.
- **제물** 제사를 지낼 때에 바치는 음식물이나 짐승, 물건 등을 말해요.

농부의 딸이 뭔가를 중얼중얼 외우더니 송아지에게 물을 한 바가지 부었습니다. 놀랍게도 펑! 소리와 함께 송아지가 제 아들로 변했습니다!

"오, 신이시여. 제 아들을 되찾게 해 주셔서 감사합니다."

저는 눈물을 흘리며 아들을 와락 끌어안았습니다. 약속한 대로 농부의 딸이 제 아내를 암사슴으로 만들고, 제 아들과 결혼하게 허락해 줬지요. 그리고 몇 년이 흘러 아들은 아내를 잃고 여행을 떠났습니다. 저는 제 아내인 암사슴을 데리고 오랫동안 보지 못한 아들을 찾아 나선 것이지요. 이것이 저와 암사슴에 얽힌 이야기입니다.

첫 번째 할아버지가 이야기를 마치자 지니 요정이 고개를 끄덕끄덕했어요.

"과연 흥미로운 이야기로구나. 약속한 대로 이 남자의 죄를 반만 용서하겠다."

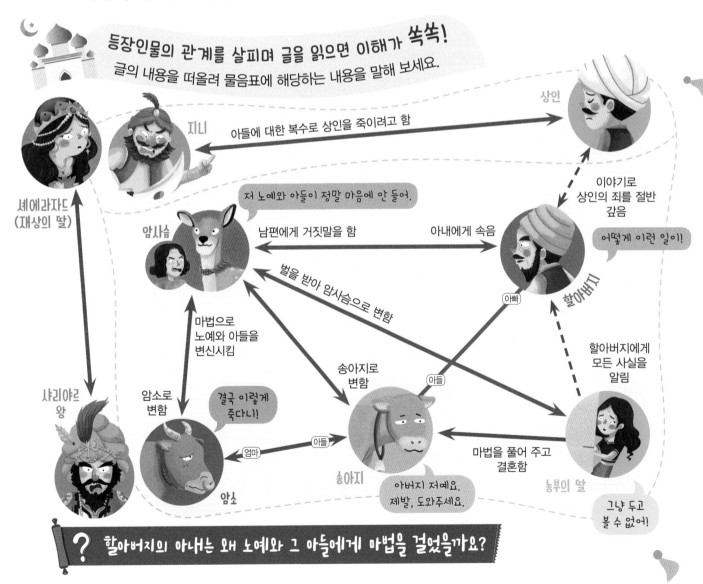

등장인물의 관계를 살피며 글을 읽으면 이해가 쏙쏙!
글의 내용을 떠올려 물음표에 해당하는 내용을 말해 보세요.

지니 — 아들에 대한 복수로 상인을 죽이려고 함 → 상인

셰에라자드 (재상의 딸)

이야기로 상인의 죄를 절반 갚음

어떻게 이런 일이!

저 노예와 아들이 정말 마음에 안 들어.

암사슴 — 남편에게 거짓말을 함 ↔ 아내에게 속음 — 할아버지

벌을 받아 암사슴으로 변함

아빠

마법으로 노예와 아들을 변신시킴

할아버지에게 모든 사실을 알림

샤리아르 왕

암소로 변함

결국 이렇게 죽다니!

송아지로 변함

아들

엄마 — 아들

마법을 풀어 주고 결혼함

농부의 딸

암소

송아지

아버지 저예요. 제발, 도와주세요.

그냥 두고 볼 수 없어!

? 할아버지의 아내는 왜 노예와 그 아들에게 마법을 걸었을까요?

1 이야기와 만나는 문장 쓰기 다음 문장을 빈칸에 따라 써 보세요.

"	당	장		이		암	소	를		제	물	로		바	쳐	요	!	"

2 이해하는 문장 쓰기 할아버지의 아내는 왜 암소에 이어 송아지까지 죽이려고 했을까요?

할아버지의 아내는   다.

3 생각을 발견하는 문장 쓰기 할아버지는 어떤 마음으로 아내의 반대를 무릅쓰고 송아지를 살려 주었을까요?

할아버지는   다.

4 상상하는 문장 쓰기 여러분이 농부의 딸이라면 할아버지 아내의 마법을 알게된 뒤 어떻게 했을까요?

내가 농부의 딸이라면   다.

모아쓰기 위에서 답으로 쓴 네 문장을 연결해서 써 보세요. 하나의 근사한 글이 될 거예요.

두 번째 할아버지와
검은 개 두 마리

이번에는 두 번째 할아버지가 지니 요정 앞에 넙죽 엎드렸어요.

"지니 요정님, 저와 검은 개 두 마리에 관한 이야기도 들어 보시겠습니까? 만약 제 이야기가 마음에 드시면 저 남자의 나머지 죄를 용서해 주십시오."

저와 개 두 마리는 사실 형제입니다. 우리는 아버지께서 남겨 주신 유산으로 각각 장사를 시작했습니다. 다행히 저는 장사가 잘되었지만 형들은 1년 만에 망해서 꼼짝없이 무일푼˚으로 집에 돌아왔지요. 저는 형들에게 장사 밑천˚으로 돈을 나누어 주었는데요. 형들이 자꾸 외국으로 나가서 장사하자고 꼬드기지 않겠어요? 처음에는 거절했지만 형들이 계속 설득하는 바람에 두 손 두 발 들었습니다. 하지만 형들과 장사를 하려고 보니 형들은 이미 제가 준 돈을 몽땅 써 버린 상태였어요. 할 수 없이 저는 가진 돈의 절반은 집 모퉁이에 묻고 나머지 절반을 형들과 똑같이 나누어 가졌습니다. 그런 다음 형들과 함께 배에다 물건을 가득 싣고 떠났지요.

어느 항구에 도착한 우리 형제는 가져간 물건들로 장사를 시작했습니다. 운 좋게도 저는 물건들을 쏙쏙 잘 팔아서 꽤 많은 이윤•을 남겼습니다. 그러다 우연히 한 여인을 만났는데요. 여인이 다짜고짜 제게 청혼을 하지 않겠습니까?

"저를 거부하지 마세요. 당신은 분명히 저와 결혼한 것을 잘했다고 생각하게 될 테니까요."

끝내 저는 여인의 설득에 넘어갔습니다. 여인과 결혼을 하고 함께 돌아오는 배에 올랐지요. 그런데 저보다 돈을 적게 번 형들이 시기와 질투에 눈이 멀었을 줄이야! 형들은 밤중에 저와 아내를 바닷속에 던져 버렸습니다. 만약 제 아내가 아니었다면 저는 꼼짝없이 죽었겠지요. 제 목숨을 살려 준 아내는 사실 요정이었습니다. 요정은 저를 바다에서 건져 주었을 뿐만 아니라 집까지 무사히 데려다주었습니다.

"선량한 당신을 살려서 다행이지만 당신의 형들은 잘못했으니 벌을 받아야 해요!"

저는 화내는 요정에게 제발 참아 달라고 부탁했습니다. 어쨌거나 저와 피를 나눈 형제들이니까요. 요정과 헤어진 저는 이전에 묻어 두었던 돈을 꺼내서 제 가게로 갔습니다. 오랜만에 보는 이웃들과 반갑게 인사를 나누고 다시 집으로 왔는데요. 이게 웬일이랍니까? 요정이 검은 개 두 마리를 데리고 다시 나타났더군요.

"당신의 형들이에요. 앞으로 5년 동안 개로 살아야 하는 벌을 내렸답니다."

 톡쌤 궁금하지 않았나요?

- **무일푼** 돈이 하나도 없는 상황을 뜻해요. 비슷한 말로 빈털터리가 있지요.
- **밑천** 어떤 일을 하려고 할 때에 바탕이 되는 돈이나 물건, 기술 등을 말해요.
- **이윤** 장사 등을 하여 번 돈에서 재료값 등을 빼고 남은 돈이에요. 이윤이 많이 남을수록 돈을 많이 벌었다고 한답니다.

요정은 5년 뒤에 자기를 찾으라는 말을 남긴 채 사라졌습니다. 그 뒤로 시간이 흘러 형들이 개로 변한 지 5년이 다 되어 갑니다. 그래서 요정을 찾아 나선 길이랍니다. 어떠십니까? 서와 김은 개 두 마리에 얽힌 이야기가 재미있으셨나요?

"어떻게 되었나? 그래서 그 상인은 나머지 죄를 용서받았는가?"
샤리야르 왕이 다급히 묻자 세에라자드가 방긋 웃으며 뒷이야기를 들려주었어요.
"지니 요정은 크게 만족했습니다. 그래서 상인의 나머지 죄를 용서하고 연기처럼 스르륵 사라졌지요. 상인은 크게 기뻐하며 두 할아버지께 진심으로 감사 인사를 했고요. 그길로 집에 돌아와 가족들과 평생 행복하게 잘 살았답니다."

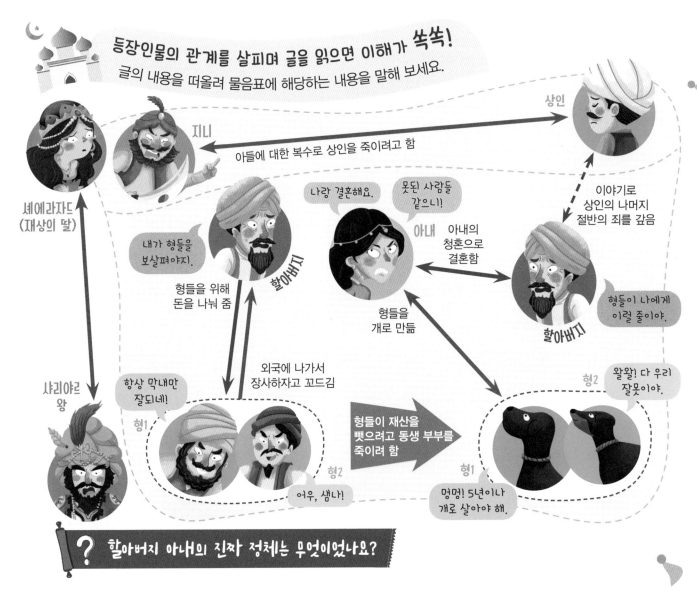

1 이야기와 만나는 문장 쓰기 다음 문장을 빈칸에 따라 써 보세요.

"	선	량	한		당	신	을		살	려	서		다	행	이	지	만
당	신	의		형	들	은		잘	못	했	으	니		벌	을		받	아
야		해	요	!	"												

2 이해하는 문장 쓰기 할아버지의 형들은 할아버지와 아내에게 어떤 잘못을 저질렀나요?

할아버지의 형들은   다.

3 생각을 발견하는 문장 쓰기 할아버지는 왜 요정에게 참아 달라고 부탁했을까요?

할아버지는   다.

4 상상하는 문장 쓰기 여러분이라면 누군가 여러분에게 잘못했을 때 어떻게 할까요?

나라면   다.

모아쓰기 위에서 답으로 쓴 네 문장을 연결해서 써 보세요. 하나의 근사한 글이 될 거예요.

뭐라고 말했을까요?

다음 보기에서 알맞은 낱말을 골라 빈칸을 채우고 등장인물의 대사를 완성해 보세요!

| 페르시아 음모 비극 외양간 하소연 반항 짐짓 승낙 원수 제물 무일푼 밑천 이윤 |

내 명령에 □□하면 용서하지 않겠다!

샤리야르 왕

어떤 소를 □□로 바쳐야 제사를 잘 지냈다고 소문이 날까?

암사슴 할아버지

지니

아들을 죽인 □□! 내 칼을 받아라!

아이고, 힘들어. 동네 사람들! 내 □□□ 좀 들어 보세요.

황소

동생은 부자인데! 우린 돈을 다 잃고 □□□이 돼 버렸네.

검은 개가 된 형들

단어 뜻풀이

페르시아 먼 옛날에 이란 지역을 중심으로 세워진 제국
음모 나쁜 목적으로 몰래 나쁜 일을 꾸미는 짓
비극 슬프고 괴로운 일을 당한 경우를 가리키는 말
외양간 말이나 소와 같은 가축을 기르는 곳
하소연 억울한 일이나 답답한 마음을 이야기함
반항 상대에게 맞서 대들거나 반대하는 일
짐짓 겉으로 일부러 속마음과 다르게 행동할 때 쓰이는 말

승낙 부탁을 들어주는 일
원수 자신에게 나쁜 짓을 해서 원한을 산 사람이나 무리
제물 제사 때에 바치는 음식물이나 짐승, 물건 등
무일푼 돈이 하나도 없는 상황
밑천 어떤 일을 하려고 할 때에 바탕이 되는 돈이나 물건, 기술
이윤 장사 등을 하여 남은 돈

▶ 가이드북 56쪽에 정답

2장

알라딘과 요술 램프

알라딘과
마법사

옛날 어느 도시에 알라딘이라는 소년이 있었어요. 알라딘은 어려서 아버지를 여의고* 어머니와 단둘이 가난하게 살았답니다. 알라딘이 열다섯 살이 되던 해였어요. 어느 날, 웬 낯선 아저씨가 알라딘에게 다가와 말을 걸었지요.

"난 네 아버지의 동생이야. 네게는 삼촌이지. 네가 네 아버지를 똑 닮아서 금방 알아보았어. 난 오랫동안 다른 나라를 떠돌다 형님이 돌아가셨다는 소식을 듣고 부랴부랴 달려왔단다. 날 집으로 데려가 주겠니? 형님을 추모*하고 싶구나."

아저씨가 금화를 쥐여 주며 부탁하자 알라딘은 순순히 고개를 끄덕였어요. 별다른 의심 없이 집으로 데려가 어머니께 소개했지요. 아저씨는 어머니와 인사하자마자 눈물을 글썽이며 말했어요.

"형수님, 제게 조카를 맡겨 주십시오. 반드시 훌륭한 상인으로 키우겠습니다."

"부족한 아이지만 잘 부탁드립니다."

"걱정하지 마십시오, 형수님. 저만 믿으세요."

아저씨는 힘차게 고개를 끄덕이며 대답했어요. 그리고 몰래 히죽 웃었지요.

'계획대로 되고 있군! 내일 알라딘을 동굴로 데려가면 되겠어.'

사실 아저씨는 알라딘의 삼촌이 아니었어요. 아프리카에서 건너온 마법사였답니다. 이튿날, 마법사는 알라딘을 으슥한 계곡으로 데려갔어요. 마른 나뭇가지에 불을 붙이고 중얼중얼 주문을 외웠지요. 그러자 이게 웬일이에요? 땅이 쩍 갈라지더니 큼직한 바위가 나타났어요. 바위를 옆으로 치우자 좁은 동굴 안쪽으로 내려가는 계단이 보였어요. 마법사는 알라딘을 계단으로 내려보내며 단단히 일렀어요.

"첫 번째와 두 번째 방을 지나 세 번째 방으로 가. 세 번째 방 끝에 작은 문이 있어. 문을 열고 정원으로 나가서 테라스까지 쭉 가렴. 테라스에서 불이 켜져 있는 램프를 찾으면 불을 끄고 램프 안에 든 액체를 비운 다음 내게 가져오너라. 오고 가는 동안 절대 벽에 손대면 안 돼. 금과 은이 들어 있는 통에도 얼씬하지 마라. 알았니?"

마법사는 자기 손가락에서 반지를 빼서 알라딘에게 끼워 주었어요.

"이 반지는 널 지켜 줄 부적*이야. 어서 다녀와라. 내 말대로 하면 우리는 부자가 될 수 있어!"

알라딘은 마법사가 알려 준 대로 조심조심 램프를 찾아냈어요. 램프의 불을 끄고 액

 톡톡! 궁금하지 않았나요?

- **여의다** 부모나 사랑하는 사람이 죽어서 이별한다는 뜻이에요.
- **추모** 죽은 사람을 생각하며 그리워한다는 뜻이에요.
- **부적** 나쁜 일을 막아 주고 좋은 일을 불러온다고 믿는 물건이에요. 옛날에는 특별한 글씨 또는 무늬를 그린 종이를 부적이라고 했는데요. 현대에는 꼭 종이가 아니더라도 특별한 힘이 있다고 믿거나 주술적인 의도로 만든 물건을 가리키는 말로 사용해요.

체를 쏟은 다음 허리띠에 꼭 매달았지요. 다시 동굴 입구로 가려고 정원을 지나는데 처음 보는 열매들이 눈에 들어왔어요. 자세히 보니 빨강, 파랑, 노랑, 하양 등등 색색이 고운 유리가 열매처럼 나무마다 주렁주렁 매달려 있지 않겠어요? 알라딘은 욕심껏 색유리를 잔뜩 따서 주머니마다 꽉꽉 채워 넣었어요. 그러고 나서 서둘러 동굴 입구로 향했답니다. 동굴 입구에서 마법사가 목 빠지게 기다리고 있었지요.

"오, 램프를 찾아왔느냐? 얼른 램프부터 건네주려무나."

"동굴 밖으로 나가면 드릴 테니 저부터 꺼내 주세요."

알라딘이 호락호락 말을 듣지 않자 마법사는 버럭 화내며 주문을 외웠지요. 그 순간, 우르릉 쾅! 놀랍게도 바위가 원위치로 돌아가고 갈라졌던 땅이 다시 붙었어요. 알라딘은 꼼짝없이 동굴 안에 갇히고 말았어요!

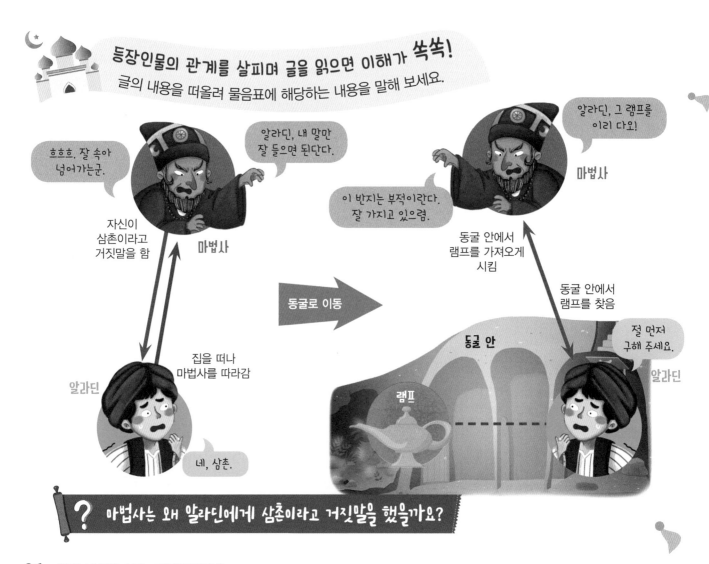

등장인물의 관계를 살피며 글을 읽으면 이해가 쏙쏙!
글의 내용을 떠올려 물음표에 해당하는 내용을 말해 보세요.

흐흐흐. 잘 속아 넘어가는군.

알라딘, 내 말만 잘 들으면 된단다.

알라딘, 그 램프를 이리 다오!

마법사

자신이 삼촌이라고 거짓말을 함

마법사

이 반지는 부적이란다. 잘 가지고 있으렴.

동굴 안에서 램프를 가져오게 시킴

동굴로 이동

동굴 안에서 램프를 찾음

집을 떠나 마법사를 따라감

알라딘

네, 삼촌.

동굴 안

램프

절 먼저 구해 주세요.

알라딘

? 마법사는 왜 알라딘에게 삼촌이라고 거짓말을 했을까요?

1 이야기와 만나는 문장 쓰기   다음 문장을 빈칸에 따라 써 보세요.

알	라	딘	은		마	법	사	가		알	려		준		대	로		조
심	조	심		램	프	를		찾	아	냈	어	요	.					

2 이해하는 문장 쓰기   마법사가 램프부터 달라고 하자 알라딘이 뭐라고 대답했나요?

알리딘은 마법사에게   다.

3 생각을 발견하는 문장 쓰기   마법사는 왜 주문을 외워서 알라딘을 동굴에 가뒀을까요?

마법사는   다.

4 상상하는 문장 쓰기   여러분이 마법사라면 알라딘이 순순히 램프를 주지 않을 때 어떻게 했을까요?

내가 마법사라면   다.

모아쓰기   위에서 답으로 쓴 네 문장을 연결해서 써 보세요. 하나의 근사한 글이 될 거예요.

_____

_____

_____

_____

반지 요정과 램프 요정

"삼촌! 잘못했어요. 램프 드릴 테니까 제발 절 꺼내 주세요!"

알라딘이 울며불며 고래고래 소리쳤지만 아무 소용이 없었어요. 이미 마법사는 사라지고 없었거든요. 알라딘은 눈물을 뚝뚝 흘리며 두 손을 마구 비볐어요.

"신이시여, 제발 살려 주세요. 이대로 죽고 싶지 않아요."

그 순간, 아주 놀라운 일이 벌어졌어요. 펑! 소리와 함께 커다란 반지 요정이 눈앞에 딱 나타났지 뭐예요? 반지 요정은 우렁찬 목소리로 공손하게 말했어요.

"반지의 주인이시여, 어떤 소원을 이루어 드릴까요?"

"이곳에서 꺼내 줘. 당장 밖으로 나가고 싶어."

알라딘이 말하자마자 펑! 거짓말처럼 알라딘은 동굴 밖으로 나와 있었어요. 알라딘은 놀라고 무서운 마음을 달래며 서둘러 집으로 돌아왔어요. 그리고 어머니께 그동안 있었던 일을 모두 털어놓았답니다.

"세상에나! 몹쓸 마법사 때문에 큰일 날 뻔했구나."

"이미 지난 일이니 신경 쓰지 마세요. 그보다 제가 가져온 램프를 보실래요?"

알라딘은 램프를 탁자 위에 올렸어요. 어머니는 램프를 보고 눈썹을 살짝 찡그렸어요. 램프가 너무 더러웠거든요. 그래서 물로 램프를 살살 닦기 시작했더니⋯⋯. 펑! 이번에는 램프 요정이 나타났어요.

"램프의 주인이시여, 어떤 소원을 이루어 드릴까요?"

순간, 어머니는 너무 놀라 꽁꽁 얼어붙었어요. 알라딘이 잽싸게 어머니에게서 램프를 받아들고 침착하게 명령했지요.

"배가 고프구나. 맛있는 음식을 가져오너라."

그러자 램프 요정이 곧바로 커다란 은쟁반을 가져 왔어요. 은쟁반에는 맛있는 음식과 포도주, 은접시와 은잔이 올려져 있었지요. 램프 요정은 은쟁반의 음식들을 식탁에 차려 놓고 연기처럼 사라졌어요. 알라딘과 어머니는 기뻐하며 맛있게 음식을 먹었어요.

"램프 요정이 음식을 가져다주다니! 이게 꿈인지 생시●인지 믿기지 않는구나."

"마음껏 드세요. 앞으로는 끼니 걱정할 필요가 없으니까요."

알라딘과 어머니는 배불리 먹은 다음 은접시와 은잔, 은쟁반을 차례대로 내다 팔았어요. 하나같이 순도● 높은 은으로 만들어진 터라 굉장히 비싸게 팔려 나갔지요.

 톡ⅩⅠ 궁금하지 않았나요?

- **생시** 잠들어 있지 않고 정신이 말짱히 깨어 있는 때를 말해요.
- **순도** 다른 물질과 섞인 정도를 말해요. 순도가 100%에 가깝게 높을수록 다른 물질과 섞이지 않았다는 뜻이에요.
- **소박하다** 거짓이나 꾸밈이 없고 특별히 좋지도 않고 나쁘지도 않으며 보통 수준에 머물러 있는 것을 뜻해요.

알라딘과 어머니는 은그릇을 판 돈으로 생활하다가 돈이 떨어지면 다시 램프 요정을 불러 음식을 부탁했고요. 음식을 다 먹은 뒤에는 은그릇을 팔아서 필요한 것을 마련하는 생활을 반복했답니다. 물론 램프 요정에게 더 귀한 보물을 더 많이 부탁할 수도 있었지만요. 알라딘과 어머니는 크게 욕심내지 않고 예전과 다를 바 없이 살았어요. 오히려 알뜰살뜰 돈을 아끼며 소박하게* 생활한 덕분에 재산을 쉽게 불릴 수 있었답니다.

한편, 알라딘은 시장에서 상인들과 친하게 지내면서 온갖 지식을 배울 수 있었어요. 그 덕분에 자신이 동굴 안 정원에서 가져왔던 예쁜 색유리의 정체도 알게 되었지요. 색유리는 바로 값비싼 보석이었어요! 하지만 알라딘은 이 사실을 아무에게도 이야기하지 않았어요.

'혹시 모르니 비밀로 하자. 다른 사람들에게는 알리지 않는 편이 좋겠어.'

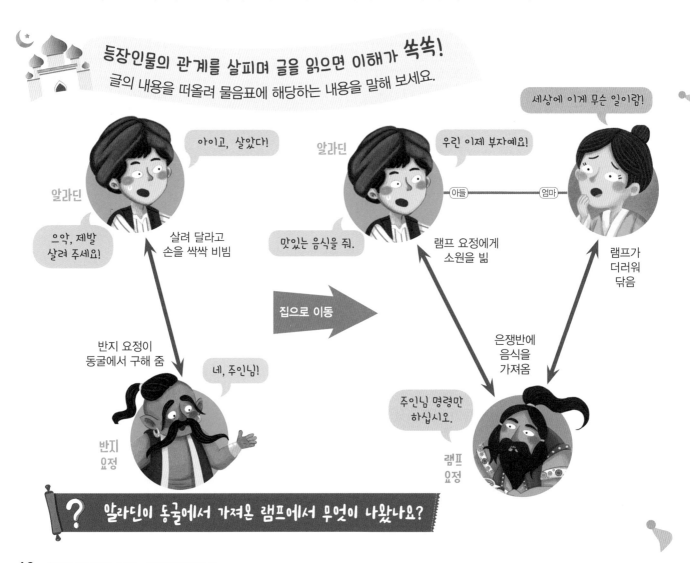

1 이야기와 만나는 문장 쓰기   다음 문장을 빈칸에 따라 써 보세요.

"	램	프	의		주	인	이	시	여	,		어	떤		소	원	을		이
루	어			드	릴	까	요	?	"										

2 이해하는 문장 쓰기   처음 램프 요정이 나타났을 때, 알라딘은 어떤 소원을 말했나요?

알라딘은 램프 요정에게   다.

3 생각을 발견하는 문장 쓰기   알라딘이 램프 요정에게 음식 말고 더 귀한 보물을 부탁하지 않은 이유는 무엇일까요?

알라딘은   다.

4 상상하는 문장 쓰기   여러분이 알라딘이라면 램프의 요정에게 어떤 소원을 빌고 싶나요?

내가 알라딘이라면   다.

모아쓰기   위에서 답으로 쓴 네 문장을 연결해서 써 보세요. 하나의 근사한 글이 될 거예요.

공주님을 사랑한 알라딘

어느 날, 알라딘이 사는 동네에 공주님의 행차° 소식이 전해졌어요.

"공주님께서 지나가시는 동안 모든 가게와 집의 문을 닫고 사람들은 안에 들어가 있어야 한다!"

하지만 알라딘은 공주님이 너무 보고 싶었지요. 아름답기로 소문난 공주님이었거 든요. 그래서 공주님이 지나가는 길이 내려다보이는 지붕 위로 올라가 숨었답니다. 그렇게 얼마나 기다렸을까요? 마침내 공주님이 호위° 병사와 시녀들을 데리고 나타 났어요. 알라딘은 지붕 위에서 몰래 공주님을 훔쳐보았어요. 사르륵! 바람결에 베일 이 걷히고 공주님의 얼굴이 드러난 순간, 알라딘은 그만 숨을 멈추었지요.

'아, 정말 아름다워. **공주님과 결혼할 수만 있다면 뭐든지 하겠어!**'

공주님에게 첫눈에 반한 알라딘은 곧장 집으로 돌아와 어머니께 공주님을 만나게 해 달라고 부탁했어요. 그래서 어머니는 알라딘이 동굴에서 가져온 보석을 잔뜩 가지고 황제를 뵈러 갔답니다.

"폐하, 제 아들이 폐하께 바치는 선물이옵니다. 부디 받아 주시옵소서!"

황제는 하나같이 크고 아름다운 보석을 보고 눈이 휘둥그레졌지요.

"오호, 정말 진귀한 선물이로구나. 원하는 것이 있으면 말해 보아라."

"제 아들이 공주님을 무척 사랑하고 있습니다. 제 아들과 공주님의 결혼을 허락해 주십시오."

황제는 잠시 재상과 속닥속닥 의논한 다음 근엄하게* 말했어요.

"알았다. 그러나 당장 결혼을 허락하기는 어려우니 석 달 뒤에 다시 찾아오너라."

알라딘의 어머니는 집으로 돌아와 알라딘에게 황제의 이야기를 전했어요. 알라딘은 뛸 듯이 기뻐하며 어머니를 와락 끌어안았지요.

"이제 석 달만 기다리면 저는 세상에서 가장 행복한 사람이 되겠군요! 고맙습니다, 어머니."

그러나 그 뒤로 두 달이 지난 어느 날, 알라딘에게 날벼락이 떨어졌어요. 바로 공주님이 재상의 아들과 결혼한다지 뭐예요! 알라딘은 서둘러 램프 요정을 불렀어요.

"공주님의 결혼을 막아야 해! 램프 요정아, 날 도와줘!"

알라딘은 램프 요정을 시켜 재상의 아들을 가두고 공주님과 단둘이 만났어요.

"겁먹지 마세요, 공주님. 저는 당신을 사랑하는 제 마음을 당신에게 직접 전하고 싶을 뿐이에요."

알라딘은 밤새도록 공주님과 도란도란 이야기를 나누었어요. 아침이 되면 재상의

 톡소 궁금하지 않았나요?

- **행차** 지위가 높은 사람이나 윗어른이 잘 차리고 길을 가는 것을 높여 이르는 말이에요.
- **호위** 누군가를 곁에 바짝 붙어 다니면서 위험하지 않게 보호하고 지키는 일이에요.
- **근엄하다** 점잖고 위엄 있으며 정중하다는 뜻이에요.
- **손색** 다른 것과 서로 비교해 보았을 때 부족한 점을 말해요.

아들과 공주님을 궁으로 돌려보냈고요. 밤에는 다시 재상의 아들을 가두고 공주님과 둘만의 시간을 보냈답니다. 그렇게 몇 날 며칠을 반복했을까요? 결국 재상의 아들과 공주님의 결혼식은 취소되었어요.

알라딘은 기뻐하며 공주님을 맞이할 준비를 했어요. 먼저 램프의 요정에게 부탁해 보석을 가득 담은 순금 접시 40개와 노예 80명을 황제에게 바쳤어요. 그런 다음 자신은 황제보다 훌륭한 말을 타고 앞뒤로 노예를 48명씩 세워서 금화를 길거리에 뿌리게 했지요. 어머니께는 시중드는 사람을 12명이나 두었답니다. 물론 공주님을 위해 으리으리한 궁전도 뚝딱 지었어요. 황제는 알리딘의 호화로운 행렬과 궁전을 보고 입을 떡 벌렸어요.

"오, 공주의 신랑으로 손색°이 없도다. 당장 두 사람의 결혼식을 올려라!"

마침내 알라딘은 소원대로 사랑하는 공주님을 아내로 맞이할 수 있었답니다.

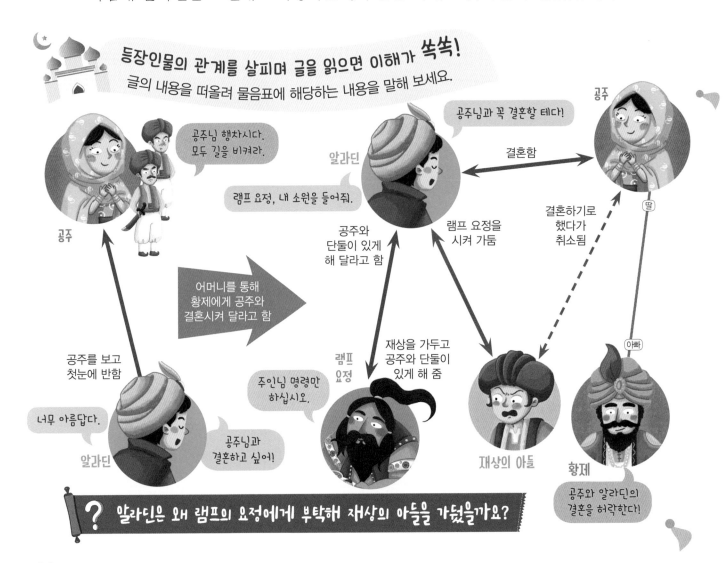

등장인물의 관계를 살피며 글을 읽으면 이해가 쏙쏙!
글의 내용을 떠올려 물음표에 해당하는 내용을 말해 보세요.

공주님 행차시다. 모두 길을 비켜라.

공주님과 꼭 결혼할 테다!

공주

결혼함

알라딘

램프 요정, 내 소원을 들어줘.

결혼하기로 했다가 취소됨

공주와 단둘이 있게 해 달라고 함

램프 요정을 시켜 가둠

딸

공주

어머니를 통해 황제에게 공주와 결혼시켜 달라고 함

공주를 보고 첫눈에 반함

램프 요정

재상을 가두고 공주와 단둘이 있게 해 줌

아빠

너무 아름답다.

주인님 명령만 하십시오.

알라딘

공주님과 결혼하고 싶어!

재상의 아들

황제

공주와 알라딘의 결혼을 허락한다!

? 알라딘은 왜 램프의 요정에게 부탁해 재상의 아들을 가뒀을까요?

1 이야기와 만나는 문장 쓰기 다음 문장을 빈칸에 따라 써 보세요.

'	공	주	님	과		결	혼	할		수	만		있	다	면		뭐	든
지		하	겠	어	!	'												

2 이해하는 문장 쓰기 알라딘이 공주님과 결혼하고 싶은 이유는 무엇일까요?

알라딘은   다.

3 생각을 발견하는 문장 쓰기 알라딘은 공주님과 결혼하기 위해 어떻게 했나요?

알라딘은   다.

4 상상하는 문장 쓰기 여러분이 알라딘이라면 공주님과 결혼하기 위해 램프의 요정에게 무엇을 부탁했을까요?

내가 알라딘이라면   다.

모아쓰기 위에서 답으로 쓴 네 문장을 연결해서 써 보세요. 하나의 근사한 글이 될 거예요.

되찾은 요술 램프

알라딘이 공주님과 결혼하고 몇 년이 흘렀어요. 어느 날, 예전에 알라딘을 동굴 속에 두고 떠났던 마법사가 다시 나타났지 뭐예요.

"알라딘이 내 램프로 부자가 되었다고? 심지어 공주와 결혼도 했다니!"

마법사는 이를 부득부득 갈며 알라딘에게서 다시 램프를 빼앗을 계획을 세웠어 요. 때마침 알라딘은 사냥을 떠나서 궁궐에 없었지요. 마법사는 그 사실을 알고 나서 히죽 웃었어요.

"지금이야! 램프도, 공주도, 알라딘이 가진 모든 것을 빼앗겠어."

마법사는 새 램프를 열두 개 사서 알라딘의 궁전으로 갔어요.

"램프 바꿔 가세요! 헌 램프를 새 램프로 바꿔 드립니다."

그러자 공주는 시녀에게 알라딘의 낡고 오래된 램프를 새 램프로 바꿔 오라고 시켰어요. 알라딘이 애지중지*하는 요술 램프라는 사실을 까맣게 몰랐거든요.

"새 램프를 보면 분명히 알라딘이 좋아할 거야."

한편, 마법사는 요술 램프를 손에 넣자마자 얼른 궁전을 빠져나왔어요. 아무도 없는 곳에 도착해서는 램프를 문질러 요정을 불러냈지요.

"알라딘의 궁전과 그 안에 있는 사람을 모두 내 고향으로 옮겨라. 지금 당장!"

"네, 램프의 주인님."

눈 깜짝할 새 알라딘의 궁전은 마법사의 고향으로 옮겨졌어요. 궁전 안에 있던 공주와 다른 사람들도 함께였지요. 한편, 황제는 느닷없이 알라딘과 공주가 살고 있던 궁전이 사라진 것을 보고 불같이 화를 내며 알라딘을 불러들였어요. 알라딘은 머리를 조아리고 간곡히 부탁했어요.

"조금만 기다려 주십시오. 제가 반드시 공주님을 찾아서 함께 돌아오겠습니다."

황제가 우선 공주를 찾으려고 마지못해 허락하자 알라딘은 곧바로 황궁에서 나와 반지 요정을 불렀어요.

"나를 공주가 있는 곳으로 데려다주어라!"

반지 요정은 순식간에 알라딘을 공주가 있는 방에 데려다주었어요. 공주는 알라딘을 발견하자마자 기쁨에 겨워 눈물을 흘렸지요. 알라딘도 다시 만난 것을 기뻐하며 공주를 껴안았어요.

"혹시 내 램프를 보지 못했소?"

"죄송해요. 제가 모르고 당신의 램프를 새 램프로 바꾸었어요."

 혹시 궁금하지 않았나요?

- **애지중지** 사랑 애(愛), 갈 지(之), 무거울 중(重), 갈 지(之)를 써요. 매우 소중하게 아끼고 사랑하는 모습을 이야기할 때 사용하는 말이지요.
- **사위** 딸의 남편을 부르는 말이에요.
- **영웅** 보통 사람은 하지 못할 어렵고 힘든 일을 용감하고 지혜롭게 해낸 사람을 부르는 말이에요. 그래서 후대까지 존경을 받으며 높이 기림을 받는답니다.

"괜찮소. 우리가 힘을 합쳐 마법사에게서 램프를 되찾으면 되오."

알라딘과 공주는 서로 머리를 맞대고 램프를 되찾을 계획을 세웠어요. 우선 공주가 마법사에게 술을 먹여서 재우면요, 알라딘이 얼른 들어와서 램프를 찾기로 했지요. 그래서 어떻게 되었느냐고요? 결과는 대성공! 술을 마시고 잔뜩 취한 마법사는 비틀거리다 넘어져서 그만 죽고 말았어요! 알라딘은 공주가 놀라지 않게 다른 방으로 보낸 다음 죽은 마법사의 품속에서 램프를 찾아 꺼냈답니다.

"이 궁전과 궁전에 있는 모든 사람을 원래 있던 곳으로 돌려놓아라."

그러자 한순간에 모든 것이 원래 자리로 돌아갔지요. 황제는 무사히 돌아온 공주를 보고 크게 기뻐했어요. 또한 알라딘과 공주를 위해 큰 잔치를 베풀었답니다.

"알라딘, 그대는 훌륭한 사위°이자 내 딸을 구한 영웅°이야! 정말 고맙네!"

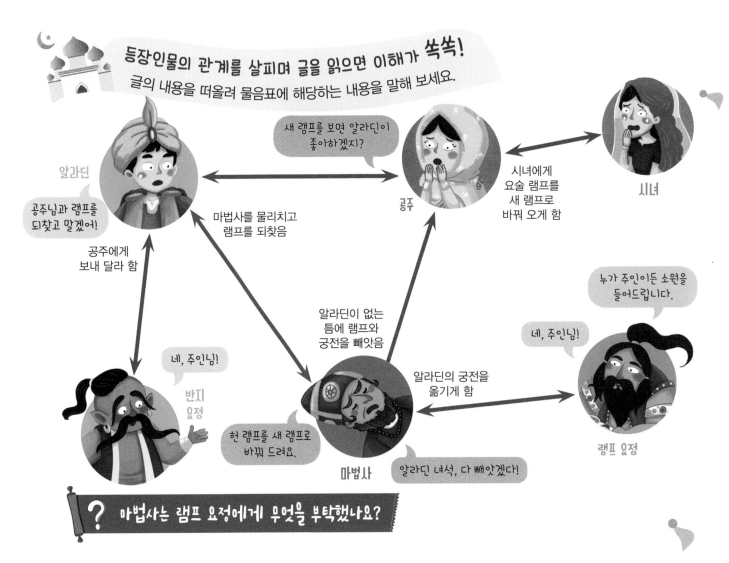

등장인물의 관계를 살피며 글을 읽으면 이해가 쏙쏙!
글의 내용을 떠올려 물음표에 해당하는 내용을 말해 보세요.

알라딘
공주님과 램프를 되찾고 말겠어!

새 램프를 보면 알라딘이 좋아하겠지?

시녀에게 요술 램프를 새 램프로 바꿔 오게 함

시녀

공주

마법사를 물리치고 램프를 되찾음

공주에게 보내 달라 함

네, 주인님!

반지 요정

알라딘이 없는 틈에 램프와 궁전을 빼앗음

누가 주인이든 소원을 들어드립니다.

네, 주인님!

헌 램프를 새 램프로 바꿔 드려요.

알라딘의 궁전을 옮기게 함

램프 요정

마법사

알라딘 녀석, 다 빼앗겠다!

? 마법사는 램프 요정에게 무엇을 부탁했나요?

1 이야기와 만나는 문장 쓰기 다음 문장을 빈칸에 따라 써 보세요.

마	법	사	는		새		램	프	를		열	두		개		사	서
알	라	딘	의		궁	전	으	로			갔	어	요	.			

2 이해하는 문장 쓰기 마법사는 왜 새 램프를 사서 알라딘의 궁전으로 갔을까요?

마법사는   다.

3 생각을 발견하는 문장 쓰기 공주가 알라딘의 램프를 새 램프와 바꾸려고 한 이유는 무엇이었을까요?

공주는   다.

4 상상하는 문장 쓰기 여러분이 마법사에게 램프를 빼앗긴 알라딘이라면 어떻게 했을까요?

내가 알라딘이라면   다.

모아쓰기 위에서 답으로 쓴 네 문장을 연결해서 써 보세요. 하나의 근사한 글이 될 거예요.

황제가 된 공주와 알라딘

앞서 죽은 마법사에게는 사실 동생이 하나 있었어요. 동생도 형처럼 마법사였는데요. 형이 죽었다는 사실을 알고 크게 노여워하며 복수를 맹세했답니다.

"반드시 내 손으로 형의 원수를 갚아 주겠어!"

동생 마법사는 알라딘을 해칠 궁리를 하다가 파티마에 대한 이야기를 들었어요.

"파티마는 대단해. 평소에는 도를 닦다가 일주일에 딱 이틀만 거리로 나와서 사람들을 도와주지. 아픈 사람을 낫게 하고, 배고픈 사람에게 음식을 나눠 준다네."

동생 마법사는 그길로 파티마라는 사람을 찾아갔어요. 그리고 파티마를 죽인 뒤 옷을 빼앗아 입었지요. 그런 다음 파티마인 척하며 알라딘이 사는 궁전으로 향했답니다. 물론 궁전까지 가는 동안 동생 마법사가 파티마인 줄 알고 많은 사람이 몰려들었어요. 곧 파티마가 궁전 앞까지 왔다는 소식이 공주에게도 전해졌어요.

"파티마를 한 번 만나 보고 싶구나. 어서 가서 파티마를 불러오너라."

곧 시녀가 파티마인 척하는 동생 마법사를 공주 앞으로 데려왔어요. 공주는 무척 반가워하며 손수 궁궐 이곳저곳을 구경시켜 주었지요. 동생 마법사는 감탄하는 시늉●을 하다가 갑자기 손가락으로 궁전 천장을 가리켰어요.

"공주님, 천장이 좀 횅한데요. 천장에 로크 새●의 알을 가져다 매달면 어떨까요?"

"로크 새의 알을 어디서 구할 수 있나요?"

"로크 새는 캅카스● 산에 살지요. 이 궁전의 주인이라면 쉽게 구하실 텐데요."

공주는 동생 마법사에게 완전히 설득당했어요. 그래서 동생 마법사가 궁전을 떠난 뒤 알라딘에게 로크 새의 알을 구해 달라고 부탁했지요. 알라딘은 공주에게 고개를 끄덕이고 자신만만하게 말했어요.

"알았소. 곧 로크 새의 알을 구해 올 테니 조금만 기다려 주시오."

그런 다음 혼자 조용한 곳으로 가서 램프 요정을 불렀어요.

"지금 바로 로크 새의 알을 구해서 궁전의 천장에 매달아 놓아라."

그런데 이게 웬일일까요? 램프 요정이 쩌렁쩌렁한 목소리로 호통을 쳤어요.

"어리석은 자가 주제를 모르고 까부는구나. 로크 님은 신성한 존재이시다. 나 같은 요정들이 따르는 로크 님의 알을 가져오라고 하다니! **당장 너와 네 아내의 잘못을 뉘우치고, 파티마인 척하는 마법사를 잡아 벌을 주어라!**"

 톡씨 궁금하지 않았나요?

- **시늉** 어떤 움직임이나 모양을 그대로 따라 하는 동작을 말해요.
- **로크 새** 아라비아 지역의 전설에 나오는 새랍니다. '록 새', '루흐 새'라고도 불리는데요. 코끼리를 잡아먹을 만큼 크고 힘이 세다고 알려져 있어요.
- **캅카스** 캅카스는 유럽의 동쪽, 아시아의 서북 쪽에 있는 산맥이에요. 그 인근 지역까지 통틀어 말하기도 한답니다. 영어식으로는 코카서스라고 불리지요. 그리스 로마 신화에 등장하는 프로메테우스가 벌을 받은 곳이 바로 이 캅카스의 산이었어요. 오른쪽 지도가 캅카스 지역이에요.

램프 요정은 불같이 화를 내고 사라져 버렸어요. 알라딘은 놀란 가슴을 쓸어내리며 아픈 척 드러누웠어요. 그리고 나서 치료를 핑계로 동생 마법사를 불렀답니다.

'드디어 알라딘을 내 손으로 없앨 기회가 왔구나!'

동생 마법사는 흐흐 웃으며 누워 있는 알라딘에게 다가갔어요. 품속에서 칼을 꺼내려는 순간! 알라딘이 벌떡 일어나 동생 마법사를 쓰러뜨렸어요. 공주가 너무 놀라 눈물을 뚝뚝 흘리자 알라딘은 공주를 꼭 안아 주었어요.

"악랄한 마법사가 파티마인 척 우리를 해치려고 했다오. 하지만 이제 괜찮소. 아무도 우리를 해칠 수 없으니 안심하시오."

동생 마법사까지 물리친 알라딘은 그 뒤로 공주와 행복하게 잘 살았어요. 시간이 흘러 황제가 세상을 떠나자 공주가 새로운 황제가 되었지요. 새 황제는 알라딘과 함께 백성들에게 존경을 받으며 오래오래 나라를 잘 다스렸답니다.

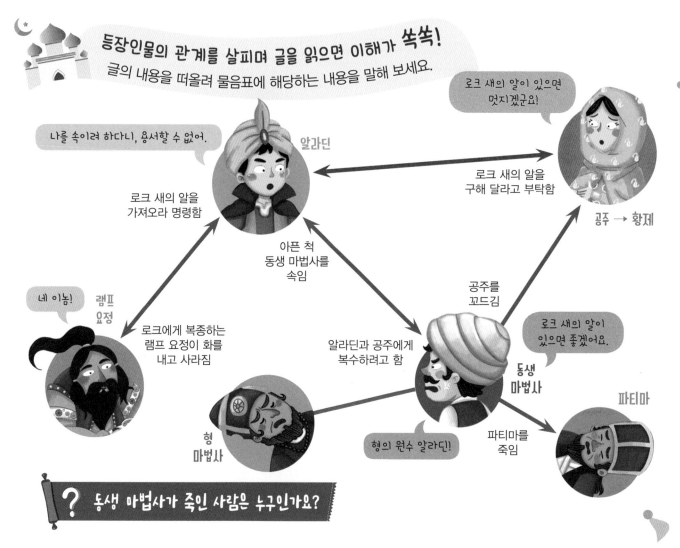

등장인물의 관계를 살피며 글을 읽으면 이해가 쏙쏙!
글의 내용을 떠올려 물음표에 해당하는 내용을 말해 보세요.

로크 새의 알이 있으면 멋지겠군요!

나를 속이려 하다니, 용서할 수 없어.

알라딘

로크 새의 알을 구해 달라고 부탁함

로크 새의 알을 가져오라 명령함

공주 → 황제

아픈 척 동생 마법사를 속임

네 이놈!

램프 요정

로크에게 복종하는 램프 요정이 화를 내고 사라짐

공주를 꼬드김

로크 새의 알이 있으면 좋겠어요.

알라딘과 공주에게 복수하려고 함

동생 마법사

형 마법사

형의 원수 알라딘!

파티마를 죽임

파티마

동생 마법사가 죽인 사람은 누구인가요?

1 이야기와 만나는 문장 쓰기 다음 문장을 빈칸에 따라 써 보세요.

"	당	장		너	와		네		아	내	의		잘	못	을		뉘	우
치	고	,		파	티	마	인		척	하	는		마	법	사	를		잡	아
벌	을		주	어	라	!	"											

2 이해하는 문장 쓰기 램프 요정은 알라딘이 어떤 명령을 하자 불같이 화를 냈나요?

램프 요정은   다.

3 생각을 발견하는 문장 쓰기 알라딘은 램프 요정에게 동생 마법사 이야기를 듣고 어떤 생각을 했을까요?

알라딘은   다.

4 상상하는 문장 쓰기 여러분이 알라딘이라면 파티마가 가짜란 걸 알았을 때 어떻게 했을까요?

내가 알라딘이라면   다.

모아쓰기 위에서 답으로 쓴 네 문장을 연결해서 써 보세요. 하나의 근사한 글이 될 거예요.

무엇을 가리키는 말일까요?

**이야기 속 등장하는 낱말의 뜻풀이를 떠올려 보고,
다음 설명이 의미하는 낱말을 찾아 동그라미를 쳐 보세요.**

1. 어떤 움직임이나 모양을 그대로 따라 하는 동작.

2. 죽은 사람을 생각하며 그리워한다는 뜻.

3. 나쁜 일을 막아 주고 좋은 일을 불러온다고 믿는 물건.

4. 매우 소중하게 아끼고 사랑하는 모습을 가리키는 말.

5. 다른 물질과 섞인 정도. 100%에 가깝게 높을수록 다른 물질과 섞이지 않았다는 뜻.

6. 딸의 남편을 일컫는 말.

7. 누군가를 곁에 바짝 붙어 다니면서 위험하지 않게 보호하고 지키는 일.

※ 〈혹시 궁금하지 않았나요?〉 코너에 있는 단어 중에서 찾아보세요.

시	가	랑	순	돈
늉	추	모	도	사
미	부	말	호	위
혜	적	장	로	바
추	애	지	중	지

▶ 가이드북 56쪽에 정답

3장

알리바바와
40명의 도둑

열려라, 참깨

어느 마을에 가난한 형제가 살았어요. 형 카심은 돈 많은 아내와 결혼해서 부자가 되었는데요. 동생 알리바바는 자신과 형편이 비슷한 아내와 결혼했지요.

하루는 알리바바가 숲에 나무를 하러 갔어요. 한참을 열심히 나무를 베는데 갑자기 말달리는 소리가 들리지 않겠어요? 알리바바가 깜짝 놀라서 보니 40명의 사내가 말을 타고 우르르 달려오고 있었어요.

'혹시 도둑들일지도 몰라. 해코지˙당할 수 있으니 얼른 몸을 숨기자!'

알리바바는 잽싸게 나무 위로 올라갔어요. 곧 40명의 사내가 알리바바가 숨은 나무 근처까지 말을 달려왔어요.

"워워! 다 왔다. 모두 말에서 내려라."

40명의 사내는 나무에 말을 묶은 다음 두툼한 주머니를 이고 지고 커다란 바위 앞으로 갔어요. 그러고는 두목으로 보이는 사내가 앞으로 나서더니 두 손을 번쩍 올리고 외쳤지요.

"열려라, 참깨!"

세상에나! 커다란 바위가 자동문처럼 양쪽으로 쓱 갈라지지 뭐예요? 두목은 부하들을 먼저 바위 안쪽으로 들여보냈어요. 자기는 맨 마지막으로 따라 들어갔지요. 그러자 바위가 저절로 탁 닫혔어요. 알리바바는 눈을 끔뻑끔뻑하며 이 광경을 지켜보았답니다.

잠시 뒤, 다시 바위가 스르륵 열리면서 사내들이 걸어 나왔어요. 사내들은 말을 타고 어디론가 사라져 버렸지요. 알리바바는 사내들이 아주 멀리 갈 때까지 기다렸다가 슬그머니 내려왔어요. 그리고 사내들처럼 커다란 바위 앞으로 가서 외쳤어요.

"열려라, 참깨!"

아까처럼 바위가 갈라지며 문이 열렸어요! 알리바바는 바위 안쪽으로 들어갔다가 그만 깜짝 놀랐어요. **바위 안쪽에는 온갖 진귀한 보물이 산처럼 잔뜩 쌓여 있었거든요.**

"역시 도둑이 틀림없어. 오랫동안 도둑질한 보물들을 여기 모아 놓은 거야."

알리바바는 나귀 등에 금화 자루들을 싣고 잽싸게 집으로 향했어요. 그러고 나서 아내와 함께 금화를 세기 위해 카심의 아내에게 이유는 설명하지 않은 채 됫박°을 빌렸답니다. 카심의 아내는 알리바바 부부가 왜 됫박을 빌리는지 궁금했어요. 그래서 몰래 됫박에 기름을 발라서 빌려주었습니다.

알리바바 부부는 그 사실을 까맣게 몰랐어요. 두 사람은 됫박으로 신나게 금화를

 톡40 궁금하지 않았나요?

- **해코지** 남의 몸과 마음을 상처 입히고 나쁘게 만드는 짓을 말해요.
- **됫박** 되를 대신하여 쓰는 바가지를 가리키는 말이에요. 되란 곡식이나 가루 또는 액체를 담아서 양을 잴 때 쓰는 그릇이랍니다.
- **등쌀** 몹시 귀찮게 굴며 괴롭히는 짓이에요.

세고 난 다음 카심의 아내에게 돌려주었는데요. 카심의 아내가 됫박 뒷면에 딱 붙어 있던 금화 한 닢을 발견하고 말았지요. 궁금증이 커진 카심의 아내는 카심을 불러서 들들 볶았어요.

"당신 동생이 어떻게 됫박으로 셀 만큼 많은 금화를 얻었는지 당장 알아봐요!"

카심은 아내의 등쌀●에 못 이겨 곧장 알리바바를 찾아갔어요.

"알리바바, 금화를 어디서 얻었는지 말해라. 만약 솔직하게 털어놓지 않으면 널 신고하겠다. 그러면 넌 모든 금화를 잃을 뿐만 아니라 큰 벌을 받게 되겠지!"

"아이고 형님, 진정하세요. 제가 아는 대로 다 말씀드리겠습니다."

알리바바는 카심에게 자신이 보고 들었던 내용을 숨김없이 이야기했어요. 들어갈 때와 나올 때 외쳐야 하는 주문도 알려 주었답니다.

"반드시 '열려라, 참깨'라고 외치셔야 해요. 그래야 바위 문이 열린답니다."

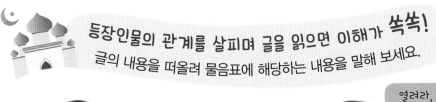

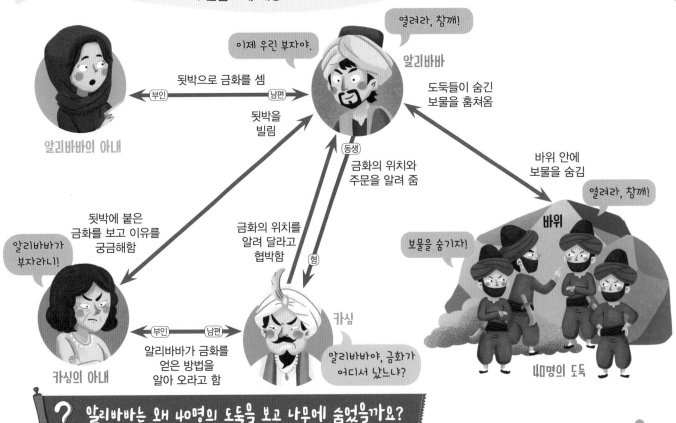

1 이야기와 만나는 문장 쓰기   다음 문장을 빈칸에 따라 써 보세요.

바	위		안	쪽	에	는		온	갖		진	귀	한		보	물	이
산	처	럼		잔	뜩		쌓	여		있	었	거	든	요	.		

2 이해하는 문장 쓰기   도둑들의 금화와 보물을 발견한 알리바바는 어떻게 했나요?

알리바바는   다.

3 생각을 발견하는 문장 쓰기   알리바바는 왜 카심에게 보물 이야기를 털어놓게 되었나요?

알리바바는   다.

4 상상하는 문장 쓰기   여러분이 알리바바라면 금화가 어디서 났냐고 묻는 카심에게 뭐라고 할까요?

내가 알리바바라면   다.

모아쓰기   위에서 답으로 쓴 네 문장을 연결해서 써 보세요. 하나의 근사한 글이 될 거예요.

_____

_____

_____

_____

욕심쟁이 카심의 죽음

이튿날 아침이었어요. 카심은 일어나자마자 알리바바가 알려 준 숲으로 향했지요. 금화를 잔뜩 가져올 생각에 신이 났어요. 나귀 열 마리에 빈 상자를 매달고 출발!

"후후, 이제 나는 왕도 부럽지 않을 부자가 될 거야!"

카심은 곧 알리바바가 숨었던 나무 근처에 이르렀어요. 알리바바가 말한 커다란 바위 앞으로 가서 힘껏 주문을 외쳤답니다.

"열려라, 참깨!"

과연 바위 문이 스르륵 열렸지요. 카심은 두근두근 떨리는 마음을 안고 바위 안쪽으로 들어갔어요. 곧 카심의 눈앞에 어마어마한 금은보화의 산이 떡 나타났어요.

"세상에, 이렇게 많은 보물은 태어나서 처음 봐! 알리바바 녀석, 이 보물을 혼자 가지려고 하다니 어림도 없지!"

카심은 욕심껏 금은보화를 챙겨서 바위 문 앞으로 갔어요. 그런데 이게 웬일이에요? 갑자기 주문을 잊어버렸지 뭐예요! 카심은 당황해서 더듬거렸어요.

"뭐, 뭐더라? 분명 곡식 이름이었는데……. 열려라, 보……리!"

하지만 바위 문은 꼼짝도 하지 않았어요. 카심은 다급해져서 아무거나 막 외쳐 보았어요.

"열려라, 콩! 열려라, 쌀! 열려라, 팥!"

계속 틀린 주문을 외치니 문이 열릴 리가 있나요. 카심은 머리를 마구 쥐어뜯으며 주문을 떠올리려고 했지만 그럴수록 더 생각이 나지 않았어요. 엎친 데 덮친 격으로 그즈음 두목을 포함한 40명의 도둑이 바위 근처로 말을 달려서 다가오고 있었지요. 도둑들은 바위 근처에 카심이 묶어 놓은 나귀들을 보고 눈이 휘둥그레졌어요.

"도둑이다! 우리 보물을 훔치러 온 도둑이 분명해!"

도둑들은 바위 앞으로 뛰어가서 주문을 외쳤어요.

"열려라, 참깨!"

이번에는 바위 문이 스르륵 열렸어요. 그 바람에 바위 안쪽에서 보물을 훔쳐서 달아나려고 서성이던 카심이 도둑들에게 딱 걸리게 되었답니다. 카심은 쏜살같이 도망치려고 했지만 이미 독 안에 든 쥐* 신세였지요. 몇 걸음 가지 못해 도둑들에게 붙잡히고 말았어요.

한편, 카심의 아내는 밤늦도록 카심이 돌아오지 않자 안절부절못했어요. 카심에게 무슨 일이 생겼을까 봐 걱정이 태산이었지요. 결국 카심의 아내는 알리바바에게 달려가 울면서 부탁했어요.

궁금하지 않았나요?

- **독 안에 든 쥐** 매우 위험하거나 곤란하고 어려운 상황에서 빠져나갈 방법이 없을 때를 비유하는 말이에요.
- **감감무소식** 어떤 소식이나 연락이 전혀 오지 않는 상황을 말해요.
- **주검** 죽은 사람의 몸을 가리키는 말이에요.

"흑흑, 카심이 아침 일찍 숲에 가서 지금까지 감감무소식˚이에요. 제발 그이를 찾아 주세요!"

"너무 걱정하지 마세요. 제가 날이 밝는 대로 형님을 찾으러 가겠습니다."

알리바바는 카심의 아내를 위로하고 집으로 돌려보낸 다음 뜬눈으로 밤을 지새웠어요. 그러고 나서 아침 해가 뜨자마자 숲으로 달려갔어요. 속으로 카심이 안전하기를 빌고 또 빌었지요.

'아아, 제발 형님에게 아무 일도 없기를!'

그러나 카심은 이미 싸늘한 주검˚이 되어 있었어요. 알리바바는 너무 슬픈 나머지 죽은 카심을 품에 안고 엉엉 울었답니다. 한참을 울고 난 뒤에야 눈물을 닦으며 일어났지요.

"형님, 집으로 돌아가십시다. 형수님이 기다리고 계세요."

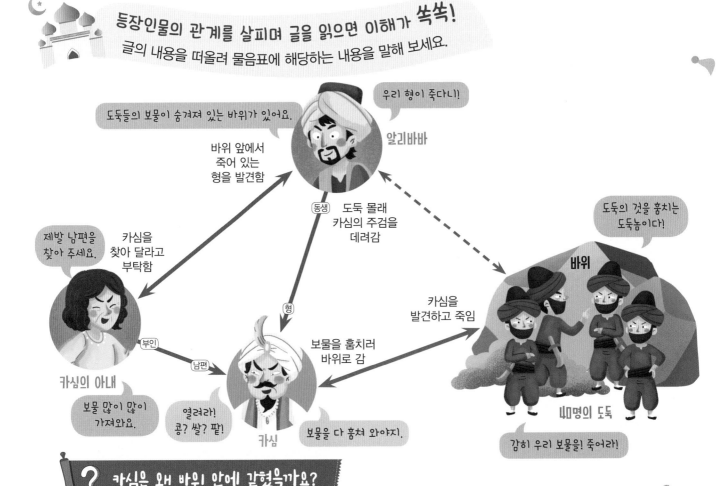

등장인물의 관계를 살피며 글을 읽으면 이해가 쏙쏙!
글의 내용을 떠올려 물음표에 해당하는 내용을 말해 보세요.

도둑들의 보물이 숨겨져 있는 바위가 있어요.

우리 형이 죽다니!

알리바바

바위 앞에서 죽어 있는 형을 발견함

동생

도둑 몰래 카심의 주검을 데려감

도둑의 것을 훔치는 도둑놈이다!

제발 남편을 찾아 주세요.

카심을 찾아 달라고 부탁함

부인

남편

카심의 아내

보물 많이 많이 가져와요.

열려라! 콩? 쌀? 팥!

형

보물을 훔치러 바위로 감

카심을 발견하고 죽임

바위

카심

보물을 다 훔쳐 와야지.

40명의 도둑

감히 우리 보물을! 죽어라!

? 카심은 왜 바위 안에 갇혔을까요?

1 이야기와 만나는 문장 쓰기   다음 문장을 빈칸에 따라 써 보세요.

"	열	려	라	,	참	깨	!	"								

2 이해하는 문장 쓰기   바위 문을 열고 들어간 도둑들은 카심을 발견하고 어떤 행동을 했나요?

도둑들은   다.

3 생각을 발견하는 문장 쓰기   도둑들은 카심의 목숨을 왜 빼앗았을까요?

도둑들은   다.

4 상상하는 문장 쓰기   여러분이 도둑이라면 카심을 발견했을 때 어떻게 했을까요?

내가 도둑이라면   다.

모아쓰기   위에서 답으로 쓴 네 문장을 연결해서 써 보세요. 하나의 근사한 글이 될 거예요.

지혜로운
모르지아나의 활약

　알리바바는 곧장 카심의 집으로 갔어요. 똑똑, 문을 두드리자 '모르지아나'라는 여자 노예가 문을 열어 주었지요. 알리바바는 심각한 얼굴로 모르지아나에게 말했어요.

　"네 주인님이신 카심이 돌아가셨다. 지금부터 너는 그가 병으로 죽은 것처럼 위장● 해야 한다."

　"알았습니다. 맡겨만 주세요!"

　모르지아나는 약재상으로 가서 한숨을 푹푹 쉬며 말했답니다.

　"제 주인님께서 매우 편찮으세요. 병이 깊은 환자들이 먹는 약을 주세요."

　다음 날에도 모르지아나는 약재상에 가서 눈물을 흘리며 약을 받아 왔지요. 자연스럽게 마을 사람들은 카심이 다 죽어 간다고 생각했어요. 그래서 그다음 날, 카심의 집에서 곡소리*가 흘러나와도 아무도 놀라거나 의아해하지 않았어요. 또한 모르지아나는 알리바바가 카심의 장례식을 잘 치를 수 있도록 도왔어요.

한편, 40명의 도둑은 카심의 시신과 금화 자루가 사라진 것을 발견했어요. 모두 알리바바가 도둑들 몰래 나귀 등에 싣고 간 것이었지요.

"누군가가 우리 비밀을 알아챈 것이 틀림없다. 당장 그자를 찾아서 죽여야 해. 그러지 않으면 우리 보물을 몽땅 도둑맞을지도 몰라!"

두목의 말에 도둑 하나가 손을 번쩍 들고 나섰어요.

"제가 마을로 내려가 우리 보물을 훔쳐 간 놈을 찾아내겠습니다!"

"좋다. 하지만 만약 실패하면 네 목숨을 내놓아야 할 것이야!"

"우리 모두를 위해 기꺼이 목숨을 걸겠습니다."

도둑은 평범한 마을 사람처럼 변장하고 마을로 내려갔어요. 요 며칠 사이에 마을에서 일어난 일을 알아보다가 카심이 갑자기 세상을 떠났다는 이야기를 듣게 되었지요. 게다가 카심의 동생 알리바바가 장례를 맡아 치렀다는 사실도 알아낼 수 있었습니다.

'알리바바가 범인이다! 그 녀석이 시신과 보물을 가져간 게 분명해.'

도둑은 알리바바의 집을 알아내서 대문 앞에 표시했어요. 그런 다음 두목과 다른 도둑들에게 이 사실을 알리려고 잽싸게 돌아갔어요. 그런데 마침 카심 대신 알리바바의 노예가 된 모르지아나가 도둑이 남긴 표시를 발견했지 뭐예요? 모르지아나는 곰곰이 생각하다가 근처 집들의 대문에도 똑같은 표시를 했어요. 그 바람에 문에 표시를 했던 도둑이 우르르 몰고 온 도둑 떼는 여기저기 있는 표시를 보고 몹시 혼란스러워했어요.

 톡톡 궁금하지 않았나요?

- **위장** 본모습이나 정체가 들통나지 않게 거짓으로 꾸미는 것을 말해요.
- **곡소리** 곡하는 소리예요. 곡이란 제사나 장례를 치를 때 일정하게 소리를 내어 우는 울음을 말하는데요. 꼭 제사나 장례가 아니더라도 크게 소리 내서 우는 울음을 뜻하기도 해요.
- **염탐** 상대가 모르게 은밀히 상대의 사정을 살펴보고 조사하는 것을 말해요.

"대체 어디란 말이냐! 왜 똑같은 표시가 이 집에도, 저 집에도 있는 거냐!"

결국 도둑 떼는 알리바바의 집을 찾지 못한 채 돌아가야 했지요. 두목은 잔뜩 화가 나서 마을로 안내한 도둑의 목을 쳤어요. 다른 도둑을 시켜 다시 염탐°을 보냈지만, 이번에도 모르지아나가 알아채는 바람에 실패했답니다. 그러자 두목은 화가 머리 끝까지 치솟았어요.

"또 실패했다고? 에라, 이 쓸모없는 녀석의 목을 쳐라!"

이번에는 자꾸 실패하는 부하 도둑들 대신 두목이 직접 나서기로 했어요. 두목은 알리바바의 집을 알아낸 다음 동굴로 돌아갔어요. 그리고 부하 도둑들을 모두 불러 말했어요.

"내게 좋은 생각이 있다. 모두 내 말대로 잘 따라 하기를 바란다."

"네! 말씀만 하십시오!"

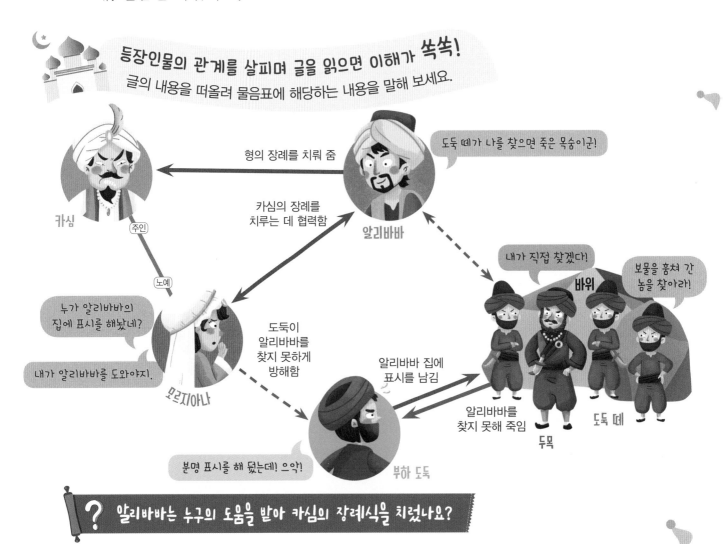

등장인물의 관계를 살피며 글을 읽으면 이해가 쏙쏙!
글의 내용을 떠올려 물음표에 해당하는 내용을 말해 보세요.

카심 ← 형의 장례를 치러 줄 — **알리바바** (도둑 떼가 나를 찾으면 죽은 목숨이군!)

카심의 장례를 치루는 데 협력함

모르지아나
(누가 알리바바의 집에 표시를 해놨네?)
(내가 알리바바를 도와야지.)
주인 / 노예

도둑이 알리바바를 찾지 못하게 방해함

부하 도둑
(분명 표시를 해 뒀는데! 으악!)
알리바바 집에 표시를 남김

바위
(내가 직접 찾겠다!)
(보물을 훔쳐 간 놈을 찾아라!)

두목 / **도둑 떼**
알리바바를 찾지 못해 죽임

? 알리바바는 누구의 도움을 받아 카심의 장례식을 치렀나요?

1 이야기와 만나는 문장 쓰기   다음 문장을 빈칸에 따라 써 보세요.

"	제	가		마	을	로		내	려	가		우	리		보	물	을
훔	쳐		간		놈	을		찾	아	내	겠	습	니	다	!	"	

2 이해하는 문장 쓰기   모르지아나는 알리바바의 집 대문에서 무엇을 발견했나요?

모르지아나는   다.

3 생각을 발견하는 문장 쓰기   모르지아나가 도둑이 남긴 것과 똑같은 표시를 다른 집에도 한 이유는 무엇일까요?

모르지아나는   다.

4 상상하는 문장 쓰기   여러분이 알리바바라면 자신을 구해 준 모르지아나에게 어떻게 했을까요?

내가 알리바바라면   다.

모아쓰기   위에서 답으로 쓴 네 문장을 연결해서 써 보세요. 하나의 근사한 글이 될 거예요.

기름 장수로 변장한 두목

두목은 부하 도둑들에게 마을로 가서 준비물을 구해 오라고 명령했어요.

"노새 19마리와 커다란 가죽 자루● 38개가 필요하다. 가죽 자루는 항아리 모양이 어야 하고, 그중 하나에만 기름을 가득 채워 와라. 나머지는 그냥 빈 채로 가져오 면 돼."

두목의 명령에 따라 부하 도둑들은 곧장 마을로 출발! 이틀 만에 모든 준비를 마 칠 수 있었지요. 두목은 죽은 두 명을 빼고 남은 부하 도둑 37명에게 빈 자루 1개에 1 명씩 들어가라고 했어요. 그러고 나서 노새 19마리에 각각 자루를 2개씩 매달았지요. 자신은 기름이 든 자루와 부하 도둑이 들어간 자루를 매단 노새에 올라탔고요. 두목 은 앞장서서 노새 떼를 이끌고 마을로 향했어요. 어느덧 해가 뉘엿뉘엿 저무는 저녁 이었지요. 두목은 알리바바네 집 문을 두드렸어요.

"기름 장수입니다. 먼 길을 가다가 그만 날이 저물었으니 댁에서 하룻밤만 묵게 해 주시오."

알리바바는 흔쾌히 두목을 집 안으로 들어오게 했어요. 맛있는 저녁밥을 대접하고 잘 곳도 마련해 주었지요. 두목은 음흉하게* 웃으며 생각했어요.

'조금만 기다려라. 오늘 밤 내 손으로 네 목숨을 거둬 가마.'

두목은 방으로 가다가 슬그머니 자루들이 놓인 마당으로 나갔어요.

"잠시 뒤에 내가 돌멩이를 던지면 한꺼번에 튀어나와라. 이 집을 싹 쓸어버리자."

말을 마친 두목은 얼른 방으로 들어갔지요. 쉬는 척하며 불을 끄고는 조용히 때를 기다렸답니다. 그런데 그때, 하필이면 모르지아나가 기름을 가지러 마당으로 나왔지 뭐예요? 모르지아나가 부하 도둑들이 숨은 가죽 자루 근처로 다가가자 말소리가 들렸어요.

"두목님, 지금 나가면 됩니까?"

모르지아나는 소스라치게 놀랐어요. 가죽 자루 속에 기름이 아니라 사람이 들어 있을 줄은 상상도 못 했으니까요. 하지만 모르지아나는 짐짓 모르는 척하고 침착하게 대답했어요.

"아직 아니다. 내가 부를 때까지 조금만 더 기다려라."

모르지아나는 기름이 들어 있는 자루를 찾아서 얼른 부엌으로 가져갔어요. 커다란 그릇과 주전자에 기름을 나누어 붓고 펄펄 끓인 다음 다시 마당으로 들고 나왔어요. 그러고는 부하 도둑들이 들어 있는 가죽 자루마다 끓는 기름을 쫙쫙 부었답니다.

"악, 뜨거워! 도둑 살려!"

깜짝 놀란 부하 도둑들이 가죽 자루에서 펄쩍펄쩍 튀쳐나오더니 뒤도 돌아보지 않고 쌩 도망쳤어요. 뛰어난 기지*로 부하 도둑 37명을 쫓아낸 모르지아나는 주전자

 궁금하지 않았나요?

- **자루** 안에다 물건을 담을 수 있도록 헝겊이나 가죽 따위로 길고 크게 만든 주머니를 말해요.
- **음흉하다** 속으로는 엉뚱한 욕심을 품고 나쁜 생각을 하지만 겉으로는 아닌 척 좋은 사람 흉내를 내는 것을 일컫는 말이에요.
- **기지** 상황과 경우에 맞게 재치와 순발력을 발휘하여 대처하는 지혜를 일컫는 말이에요.

를 다시 부엌에 가져다 놓고 조용히 마당을 지켜보았지요. 잠시 뒤, 슬금슬금 마당으로 나오는 두목이 보였어요. 두목은 돌멩이를 여러 차례 던져도 반응이 없자 직접 부하 도둑들을 불러낼 작정이었어요. 그러나 마당에는 부하 도둑들이 죄다 달아나고 텅 빈 가죽 자루들만 덜렁 남아 있었지요.

"아아, 이게 대체 어찌 된 일이더냐. 부하들을 모두 잃었으니 내 계획도 실패다."

두목은 한숨을 푹 쉬고는 그대로 담을 넘어 사라졌어요. 이튿날 아침, 모르지아나는 그동안 있었던 일을 알리바바에게 모두 이야기해 주었어요. 알리바바를 노리고 대문에 표시했던 일부터 간밤에 기름 장수로 변장하고 숨어들었던 도둑을 내쫓은 이야기까지 전부 설명했답니다. 그러자 알리바바가 크게 기뻐하며 모르지아나에게 큰 상을 내렸어요.

"네 지혜와 용기가 나를 죽음의 위기에서 구했구나. 진심으로 고맙다."

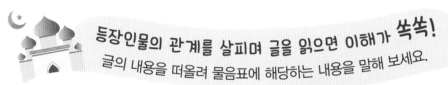

등장인물의 관계를 살피며 글을 읽으면 이해가 쏙쏙!
글의 내용을 떠올려 물음표에 해당하는 내용을 말해 보세요.

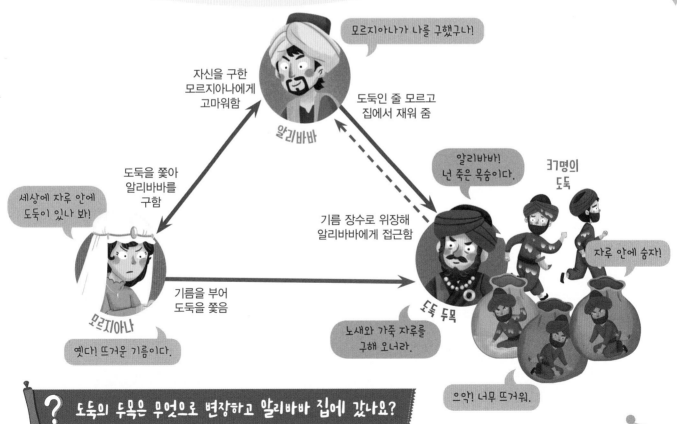

모르지아나가 나를 구했구나!

자신을 구한 모르지아나에게 고마워함

도둑인 줄 모르고 집에서 재워 줌

알리바바

알리바바! 넌 죽은 목숨이다.

37명의 도둑

도둑을 쫓아 알리바바를 구함

세상에 자루 안에 도둑이 있나 봐!

자루 안에 숨자!

기름 장수로 위장해 알리바바에게 접근함

기름을 부어 도둑을 쫓음

모르지아나

도둑 두목

옛다! 뜨거운 기름이다.

노새와 가죽 자루를 구해 오너라.

으악! 너무 뜨거워.

? 도둑의 두목은 무엇으로 변장하고 알리바바 집에 갔나요?

1 이야기와 만나는 문장 쓰기 다음 문장을 빈칸에 따라 써 보세요.

"	두	목	님	,		지	금		나	가	면		됩	니	까	?	"	

2 이해하는 문장 쓰기 모르지아나는 가죽 자루 속에 사람이 들어 있는 것을 알고 어떻게 했나요?

모르지아나는 _____ 다.

3 생각을 발견하는 문장 쓰기 두목은 부하들이 도망친 뒤 비어 있는 가죽 자루를 보고 어떤 기분이 들었을까요?

두목은 빈 가죽 자루를 보고 _____ 다.

4 상상하는 문장 쓰기 여러분이 모르지아나라면 자루 안 도둑을 발견하고 어떻게 했을까요?

내가 모르지아나라면 _____ 다.

모아쓰기 위에서 답으로 쓴 네 문장을 연결해서 써 보세요. 하나의 근사한 글이 될 거예요.

_____

_____

_____

_____

알리바바를 구한 모르지아나

부하 도둑을 모두 잃은 두목은 혼자 숲으로 도망치며 이를 바득바득 갈았어요.

"알리바바 네 이놈! 널 절대로 용서하지 않겠다. 이 치욕*을 반드시 갚아 주겠어!"

두목은 알리바바에게 복수하기 위해 새로운 계획을 세웠어요. 우선 알리바바의 형 카심이 살던 집 맞은편에 가게 하나를 얻었지요. 그리고 비단 장수로 변장하여 비단을 팔기 시작했어요.

'내가 여기서 비단 장사를 하는 척하는 이유가 있지. 바로 맞은편 집에 알리바바의 아들이 살고 있기 때문이야. 일단 알리바바의 아들에게서 환심*을 사 두면 자연스럽게 알리바바에게 접근할 수 있겠지? 후후, 조금만 기다려라!'

두목은 알리바바의 아들과 친해지려고 수단과 방법을 가리지 않았어요. 마주치면 반갑게 인사했고 틈만 나면 선물을 챙겨 주며 종종 저녁 식사에 초대했지요. 알리바바의 아들은 자꾸만 자신에게 호의를 베푸는 두목에게 보답하고 싶었어요. 그래서 알리바바에게 부탁한 뒤 두목을 저녁 식사에 초대했어요. 두목은 속으로 크게 기뻐했어요.

'드디어 복수할 기회가 왔다! 이날을 얼마나 기다렸던가.'

두목은 약속 시간에 맞춰 알리바바의 집으로 갔어요. 알리바바는 두목의 정체도 모르고 정중하게 맞아 주었지요. 두목도 예의 바르게 인사하며 한 가지 부탁을 했어요.

"저는 소금을 먹지 않으니 제 몫의 음식에 소금 간을 하지 말아 주십시오."

"걱정하지 마세요. 요리사에게 잘 말해 두겠습니다."

알리바바는 곧바로 하인을 시켜 두목의 말을 전했어요. 한편, 모르지아나는 소금을 빼 달라는 주문을 듣고 화들짝 놀랐어요. 얼른 나와서 주문한 손님의 얼굴을 확인했지요.

'저 사람은 얼마 전에 기름 장수로 변장했던 도둑이잖아!'

모르지아나는 두목의 정체를 금방 알아차렸어요. 이번에는 어떻게 알리바바를 위험에서 구해 낼지 고민하다가 무희*로 변장했지요. 베일로 입가를 가리고 허리띠에 단검을 찬 채로 알리바바와 두목 앞으로 나와서 춤을 추기 시작했답니다. 빙그르르 빙글빙글. 우아하고 아름다운 춤사위가 펼쳐졌어요. 다들 모르지아나의 춤을 넋 놓고 바라보는 틈을 타서 모르지아나는 두목 쪽으로 다가가더니 대뜸 단검을 뽑아 두목의 목을 겨눴어요!

"꼼짝 마! 조금이라도 움직였다가는 네 목을 찌르겠다!"

모르지아나는 알리바바를 향해 큰 소리로 외쳤어요.

"알리바바 주인님, 이자는 얼마 전에 주인님의 목숨을 빼앗으려고 했던 도둑들의 두목이에요!"

 톡톡! 궁금하지 않았나요?

- **치욕** 다른 사람들에게 깔보였다고 느끼고 얼굴을 들 수 없을 만큼 부끄럽고 떳떳하지 못하다고 생각하는 일을 통틀어 일컫는 말이에요.
- **환심** 즐겁고 기쁘게 느끼는 마음이에요.
- **무희** 춤을 추는 여자를 말해요. 보통 춤추는 일을 직업으로 하는 여자를 뜻한답니다.

알리바바와 다른 사람들은 너무 놀라서 눈이 휘둥그레졌지요. 모르지아나가 두목에게서 눈을 떼지 않은 채 차근차근 설명했어요.

"이자는 소금을 먹지 않는다고 했지요. 소금을 나누어 먹는 것은 서로가 친구라는 뜻인데요."

그제야 알리바바가 감탄하며 고개를 끄덕였어요.

"모르지아나, 네가 지혜와 용기로 날 또다시 살렸구나. 이 은혜를 꼭 보답하마."

알리바바는 모르지아나를 노예 신분에서 바로 풀어 준 다음 자신의 며느리로 삼았답니다. 아들과 모르지아나에게 성대한 결혼식을 올려 주고, 도둑들의 동굴에서 가져온 보물을 아낌없이 나누어 주었지요. 그 뒤로도 알리바바와 아들은 오래오래 행복하게 살았다고 해요. 알리바바의 후손들도 대대로 보물을 물려받으며 부유하게 잘 살았대요!

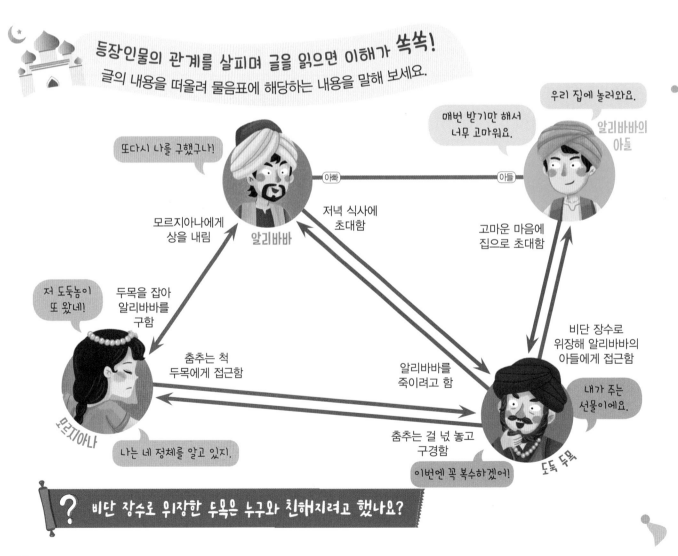

1 이야기와 만나는 문장 쓰기 다음 문장을 빈칸에 따라 써 보세요.

'	저		사	람	은		얼	마		전	에		기	름		장	수	로
변	장	했	던		도	둑	이	잖	아	!	'							

2 이해하는 문장 쓰기 모르지아나는 비단 장수로 위장한 두목을 알아보고 어떻게 했나요?

모르지아나는 ＿＿＿＿＿＿＿＿＿＿＿＿＿＿＿＿＿＿＿＿＿ 다.

3 생각을 발견하는 문장 쓰기 알리바바는 모르지아나가 또다시 자신을 구해 준 것을 알고 어떤 생각을 했을까요?

알리바바는 ＿＿＿＿＿＿＿＿＿＿＿＿＿＿＿＿＿＿＿＿＿ 다.

4 상상하는 문장 쓰기 여러분이 모르지아나라면 비단 장수로 위장한 도둑 두목을 보고 어떻게 했을까요?

내가 모르지아나라면 ＿＿＿＿＿＿＿＿＿＿＿＿＿＿＿ 다.

모아쓰기 위에서 답으로 쓴 네 문장을 연결해서 써 보세요. 하나의 근사한 글이 될 거예요.

＿＿＿＿＿＿＿＿＿＿＿＿＿＿＿＿＿＿＿＿＿＿＿＿＿＿＿＿＿＿

＿＿＿＿＿＿＿＿＿＿＿＿＿＿＿＿＿＿＿＿＿＿＿＿＿＿＿＿＿＿

＿＿＿＿＿＿＿＿＿＿＿＿＿＿＿＿＿＿＿＿＿＿＿＿＿＿＿＿＿＿

＿＿＿＿＿＿＿＿＿＿＿＿＿＿＿＿＿＿＿＿＿＿＿＿＿＿＿＿＿＿

무엇이 지워졌을까요?

앗! 벌레가 구멍을 뿡뿡 뚫었어요. <알리바바와 40명의 도둑>의 줄거리를
생각해 보고 알맞은 단어를 골라 벌레가 파먹은 곳을 채워 주세요.

도둑 무서워.

쩝쩝
냠냠

hint 동그라미 숫자와 글자 수가 같아요.

너무 욕심을 부렸어.

알리바바

어느 날, (　　　　　)는 40명의 도둑이 (　　)을 숨겨 놓은 동굴을 발견했어
요. 도둑들의 두목처럼 (　　　　　　) 주문을 외치고 동굴 속에 들어갔지요.
그리고 보물을 잔뜩 들고나와서 부자가 되었답니다.

카심도 알리바바에게 보물 이야기를 듣고 동굴로 달려갔어요. 그러나 (　　)
을 홀랑 까먹었지 뭐예요. 결국 도둑들에게 잡혀서 (　　)을 잃었어요. 알리바
바가 죽은 카심을 몰래 데리고 와서 장례를 치렀답니다.

카심

한편, 도둑들은 죽은 카심과 보물을 가져간 (　　)을 찾기로 했지요. 부하 도
둑이 (　　　　　)을 알아내서 문 앞에 (　　)를 남겼지만, 모르지아나의
꾀로 번번이 실패했어요. 두목은 기름 장수로 변장했다가 다시 (　　　　)로 속
이고 알리바바를 노렸지만 (　　)로 변장한 모르지아나에게 모두 들키고 말았
어요. 알리바바는 현명한 모르지아나를 자신의 (　　)과 결혼시켰어요. 그 뒤로
알리바바 가족은 오래오래 행복하게 잘 살았대요.

도대체 주문을
어떻게 안거지?

알리바바를
지켜야지.

모르지아나

아이고, 내 보물.

40명의 도둑

▶ 가이드북 56쪽에 정답

4장

신드바드의 모험

신드바드의 첫 번째와
두 번째 모험

　옛날에 신드바드라는 젊은이가 있었어요. 신드바드는 장사할 생각으로 다른 상인들과 함께 배에 물건을 싣고 떠났답니다. 하루는 신드바드가 사람들이랑 작은 섬에 올라서 섬 구경을 하는데요. 갑자기 발밑이 출렁! 섬이 움직이지 않겠어요?

　"으악! 바다 괴물이다. 사람 살려!"

　맙소사, 작은 섬이 아니라 바다 괴물이었대요! 사람들은 너도나도 바다로 뛰어들어 정신없이 배로 헤엄쳐 갔어요. 딱 한 사람, 신드바드만 빼고요. 배는 허우적대는 신드바드를 보지 못하고 쏜살같이 사라졌어요. 혼자 남은 신드바드는 파도 위에 둥실둥실 하염없이 떠내려가다가 어느 외딴섬에 닿았어요. 그곳에서 신드바드는 운 좋게도 마하라자 왕의 마부들과 딱 마주쳤어요. 마부들 덕분에 마하라자 왕이 있는 수도까지 갈 수 있었답니다. 마침 수도의 위치가 바닷가라 근처에 아주 큰 항구가 있었어요. 신드바드는 날마다 항구로 나가 다양한 나라에서 온 사람들과 이야기를 나누며 지냈어요.

그러던 어느 날, 신드바드는 자기가 놓쳤던 배가 항구에 들어와 있는 모습을 보았어요. 냉큼 달려가서 배에 실려 있던 짐을 찾았지요.

"오, 다행이다! 이제 장사를 할 수 있겠어."

신드바드는 가져왔던 물건과 그곳의 특산물*을 맞바꿨어요. 다시 배를 타고 바그다드*로 돌아갈 때도 들르는 곳마다 특산물을 좋은 값에 팔아 큰돈을 벌었답니다.

신드바드가 바그다드로 돌아오고 한참의 시간이 지난 다음이었어요. 신드바드는 또다시 상인들과 배에다 물건을 잔뜩 싣고 장사하러 떠났어요. 그런데 항해 도중에 들른 작은 섬에서 낮잠을 자다가 그만 배를 놓쳤지 뭐예요. 신드바드는 섬에서 빠져나갈 방법을 찾아 헤매다 희고 크고 둥그런 물체를 발견했어요. 물체 가까이 다가가려 하자 갑자기 하늘이 어두워지면서 커다란 새가 내려앉았지요.

"이건 새의 알이었구나. **커다란 새를 이용해서 이 섬에서 빠져나가겠어!**"

신드바드는 알 옆에 착 붙어 있다가 새가 내려오는 순간을 노려 터번*으로 자기 몸을 새의 발에 묶었지요. 잠시 후, 새가 날아오르자 신드바드도 하늘 위로 훅! 새는 펄럭펄럭 날아서 신드바드를 어느 계곡에 툭 떨구었어요. 그곳은 큰 뱀이 득시글거리는 다이아몬드 계곡이었어요!

"세상에! 크고 아름다운 다이아몬드가 이렇게나 많다니 정말 놀랍군."

높은 산으로 둘러싸인 좁은 계곡은 경사가 매우 가팔랐어요. 도저히 사람의 힘으

 궁금하지 않았나요?

- **특산물** 어떤 지역에서만 나거나 특히 품질이 좋아서 유명한 물건을 말해요.
- **바그다드** 메소포타미아 문명이 발생한 티그리스 강변에 위치한 도시예요. 8세기 말에서 9세기 무렵에 세계에서 손꼽히는 대도시로 발전했다고 알려져 있어요. 이슬람 문화의 중심지로 학문과 예술이 활짝 꽃피어난 도시이기도 했지요. 지금은 이라크의 수도랍니다.
- **터번** 이슬람교를 믿는 사람이나 인도 사람이 머리에 둘러 감는 수건을 말해요.

〈현재 바그다드의 위치〉
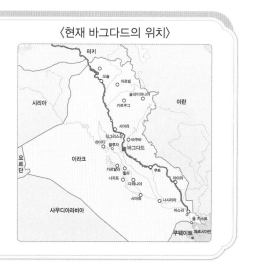

로 오를 수 없을 정도였지요. 신드바드가 한숨을 푹푹 쉬며 막막해하는데 갑자기 머리 위에서 고깃덩이가 툭툭 떨어지지 뭐예요? 신드바드는 놀라서 눈이 휘둥그레졌어요.

"고깃덩이로 다이아몬드를 가져온다던 말이 사실이었어?"

예전에 들은 이야기에 따르면 다이아몬드 계곡에 고깃덩이를 던지면 다이아몬드가 부드러운 살점에 콱콱 박히는데요. 힘센 독수리가 이 고깃덩이를 물고 둥지로 가져가면, 사람들이 독수리를 내쫓고 다이아몬드를 차지한다지요.

"드디어 이 계곡에서 빠져나갈 방법을 알아냈어!"

신드바드는 다이아몬드를 잔뜩 주워서 가방에 넣었어요. 그러고는 터번으로 고깃덩이 하나를 등에 묶고 땅바닥에 납작 엎드렸지요. 곧 독수리들이 날아와 고깃덩이와 신드바드를 하늘 위로 끌어올렸어요. 둥지까지 날아간 신드바드는 무사히 밖으로 나와서 집으로 돌아갔답니다. 그리고 다이아몬드를 팔아 큰 부자가 되었지요.

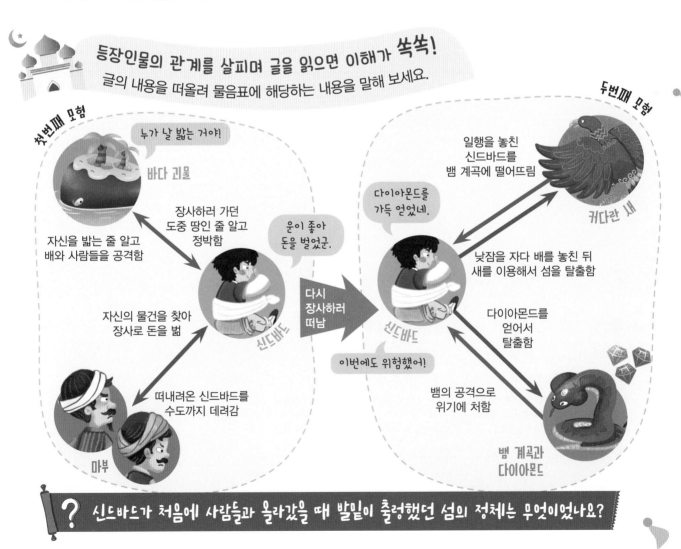

등장인물의 관계를 살피며 글을 읽으면 이해가 쏙쏙!
글의 내용을 떠올려 물음표에 해당하는 내용을 말해 보세요.

첫번째 모험

누가 날 밟는 거야!
바다 괴물

자신을 밟는 줄 알고 배와 사람들을 공격함

장사하러 가던 도중 땅인 줄 알고 정박함

운이 좋아 돈을 벌었군.

자신의 물건을 찾아 장사로 돈을 벎

신드바드

다시 장사하러 떠남

떠내려온 신드바드를 수도까지 데려감

마부

두번째 모험

일행을 놓친 신드바드를 뱀 계곡에 떨어뜨림

커다란 새

다이아몬드를 가득 얻었네.

낮잠을 자다 배를 놓친 뒤 새를 이용해서 섬을 탈출함

신드바드

이번에도 위험했어!

다이아몬드를 얻어서 탈출함

뱀의 공격으로 위기에 처함

뱀 계곡과 다이아몬드

❓ 신드바드가 처음에 사람들과 올라갔을 때 발밑이 출렁했던 섬의 정체는 무엇이었나요?

✏️ **다음 네 가지 질문에 대한 답을 각각 한 문장으로 써 보세요.**

1 이야기와 만나는 문장 쓰기 다음 문장을 빈칸에 따라 써 보세요.

"	커	다	란		새	를		이	용	해	서		이		섬	에	서
빠	져	나	가	겠	어	!	"										

2 이해하는 문장 쓰기 신드바드는 두 번째 모험 중 낮잠에 빠졌던 작은 섬에서 어떻게 빠져나왔나요?

신드바드는   다.

3 생각을 발견하는 문장 쓰기 신드바드는 새가 자신을 떨구고 간 곳이 다이아몬드 계곡인 것을 알고 어떤 생각을 했을까요?

다이아몬드 계곡에 떨어진 신드바드는   다.

4 상상하는 문장 쓰기 여러분이 낯선 섬에 혼자 남았다면 어떤 방법으로 탈출할 수 있을까요?

내가 섬에 혼자 남았다면   다.

모아쓰기 위에서 답으로 쓴 네 문장을 연결해서 써 보세요. 하나의 근사한 글이 될 거예요.

_____

_____

_____

_____

신드바드의 세 번째 모험

신드바드가 바그다드로 돌아온 지도 한참이 지났어요. 신드바드는 날마다 이어지는 평온한 생활에 지루함을 느꼈지요. 그래서 세 번째 항해를 떠나기로 했어요.

"짜릿한 모험의 세계가 날 부르는구나! 이번에는 과연 어떤 모험이 펼쳐질까?"

두근두근 설레는 마음으로 출발! 그런데 이게 웬일이에요? 항해를 떠나자마자 거센 폭풍을 만났지 뭐예요. 신드바드가 탄 배는 파도에 휩쓸려 떠돌다가 어느 작은 섬에 닿았어요. 선장이 걱정스러운 목소리로 말했지요.

"이 섬에는 키가 작은 털북숭이 야만인*이 삽니다. 여러분은 절대 그들의 털끝 하나라도 건드려서는 안 됩니다. 자칫 잘못했다가는 벌 떼처럼 달려들어 우리를 죽일 테니까요."

과연 선장이 말한 대로였어요. 신드바드와 선원들은 야만인들을 피해 섬 안쪽으로 달아났어요. 그곳에는 거대한 궁전이 있었는데요. 문을 열고 들어가자 한쪽에 사람들의 뼈가, 다른 한쪽에는 고기를 굽는 쇠꼬챙이가 잔뜩 쌓여 있었지요.

"설마 사람을 잡아먹은 거야? 우리도 잡아먹히면 어쩌지?"

신드바드와 선원들이 겁에 질려 떨고 있는데 삐거덕 문이 열렸어요.

"일단 숨읍시다!"

신드바드는 선원들과 함께 재빨리 구석에 숨었어요. 곧 키가 크고 눈이 하나밖에 없는 거인이 나타났어요. 거인은 주변을 둘레둘레 살피다가 이내 드러누워 잠이 들었어요. 그때를 놓칠세라 신드바드와 선원들은 살금살금 바닷가로 도망쳤답니다.

"서둘러 뗏목을 만듭시다. 어서 이 섬에서 빠져나가야 해요!"

신드바드와 선원들이 부랴부랴 뗏목을 만들고 있는데 어디선가 쿵쿵 소리가 들렸어요. 잠에서 깬 거인이 다른 거인 둘을 데리고 달려오고 있었지요! 신드바드의 선원들은 너무 놀라 급히 뗏목에 올라탔어요. 그 모습을 본 거인들은 돌을 집어서 마구 던져 댔지요. 휙! 휙휙! 돌멩이가 정신없이 날아들었어요. 다행히 신드바드가 탄 뗏목은 돌멩이를 피해 바다로 나갈 수 있었지만요. 안타깝게도 다른 뗏목은 그렇지 못했어요. 퍽! 퍽퍽! 돌멩이에 맞아 뗏목이 부서지면서 선원들이 물에 빠졌거든요.

겨우 살아남은 신드바드와 선원들은 뗏목을 타고 둥실둥실 어느 섬까지 떠밀려 갔어요. 너무 지쳐서 탈진●한 신드바드와 선원들은 쓰러지다시피 잠들었지요. 그런데 잠결에 이상한 소리가 들리지 않겠어요? 쉭쉭, 쉭쉭. 눈을 떠 보니 세상에, 맙소사! 엄청나게 크고 긴 뱀이 기어 오고 있었어요! 신드바드와 선원들은 혼비백산●하여 나

 혹시 궁금하지 않았나요?

- **야만인** 사회가 발전하지 않아 아직 문화 수준이 낮은 사람을 가리키거나 교양이 없고 무례한 사람을 낮잡아 부르는 말이에요.
- **탈진** 기운이 다 빠져서 없는 상태예요.
- **혼비백산** 넋 혼(魂), 날 비(飛), 넋 백(魄), 흩을 산(散)을 써요. 혼백이 어지럽게 흩어진다는 뜻으로 몹시 놀라서 넋이 나간 상태를 이르는 말이에요.

무 위로 기어오르려고 했어요. 하지만 신드바드 빼고 선원 두 명은 끝내 뱀에게 잡아 먹히고 말았답니다.

혼자 나무 꼭대기로 도망친 신드바드는 뜬눈으로 밤을 지새웠어요. 날이 밝아 뱀이 스르륵 사라지자 잽싸게 내려와서 바닷가로 달려갔지요. 마침 바다 위에 떠 있는 배 한 척이 보였어요. 신드바드는 터번을 풀어 힘차게 휘두르며 고래고래 소리를 질렀어요.

"여기 사람 있어요! 살려 주세요!"

"어? 저기 사람 아냐? 어서 보트를 보내서 구해 오자!"

무사히 섬에서 탈출하여 배에 오른 신드바드는 선장을 만나고 깜짝 놀랐어요. 그는 바로 신드바드의 두 번째 항해에서 신드바드를 두고 갔던 선장의 배였어요.

"자네의 짐을 맡아 두고 있었네! 이제라도 주인에게 돌려줄 수 있어 다행이야!"

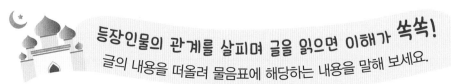

등장인물의 관계를 살피며 글을 읽으면 이해가 쏙쏙!
글의 내용을 떠올려 물음표에 해당하는 내용을 말해 보세요.

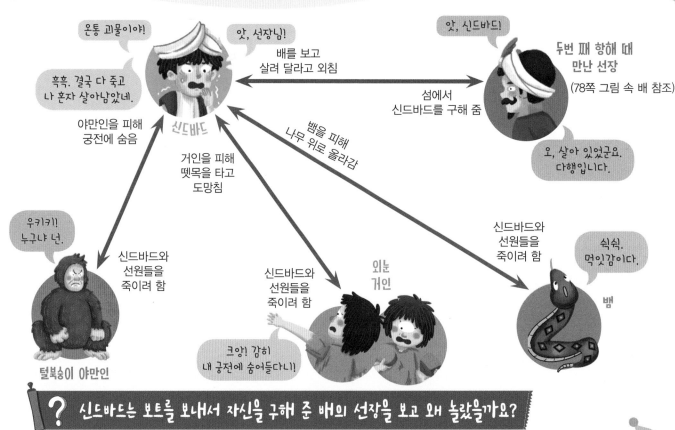

1 이야기와 만나는 문장 쓰기   다음 문장을 빈칸에 따라 써 보세요.

"	이		섬	에	는		키	가		작	은		털	북	숭	이		야
만	인	이		삽	니	다	.	"										

2 이해하는 문장 쓰기   선장이 키가 작은 털북숭이 야만인들을 건드리지 말라고 한 이유는 무엇인가요?

선장은   다.

3 생각을 발견하는 문장 쓰기   신드바드와 선원들이 실제로 키가 작은 털북숭이 야만인을 만난 뒤 도망친 이유는 무엇일까요?

신드바드와 선원들은   다.

4 상상하는 문장 쓰기   여러분이 신드바드라면 털북숭이 야만인을 만났을 때 어떻게 했을까요?

내가 신드바드라면   다.

모아쓰기   위에서 답으로 쓴 네 문장을 연결해서 써 보세요. 하나의 근사한 글이 될 거예요.

신드바드의 네 번째 모험

    세 번째 모험까지 무사히 마친 신드바드는 더욱더 큰 부자가 되었어요. 하지만 신드바드는 안주하지[●] 않고 또다시 새로운 모험에 도전했답니다. 이번에도 항구에서 배를 타고 힘차게 출발! 그런데 얼마 못 가서 거센 폭풍이 배를 덮쳤지요. 거친 비바람에 돛이 갈기갈기 찢기고 선체[●]가 박살이 났어요. 신드바드는 선원 다섯 명과 간신히 나무판자에 올라탔어요. 나무판자는 파도에 휩쓸려 둥실둥실 어느 섬으로 떠밀려 갔지요.

    섬에 도착하자 그 섬에 이미 살고 있던 사람들이 떼를 지어 우르르 나왔어요. 섬 사람들은 신드바드와 선원들을 데리고 가서 이상한 풀과 기름진 밥을 주었어요. 배고

팔던 선원들은 허겁지겁 먹어 치웠지요. 하지만 신드바드는 의심이 들어서 밥만 아주 조금 먹었어요.

'자기들은 아무것도 안 먹고 우리에게만 주는 게 이상해. 분명히 뭔가 꿍꿍이속이 있을 거야!'

과연 신드바드가 생각한 대로였어요. 섬사람들은 사실 식인종[●]이었어요. 선원들이 잘 먹고 토실토실 살이 오르자 하나씩 잡아먹기 시작했지요. 잘 먹지 않아 빼빼 마른 신드바드만 살아남아서 가까스로 도망쳤답니다. 식인종을 피해 바닷가로 달아난 신드바드는 우연히 자신과 비슷한 생김새에 같은 말을 쓰는 사람들을 만났어요.

"정말 반갑구려. **나는 식인종에게 잡혀 있다가 간신히 도망치는 길이라오!**"

사람들은 놀라워하며 신드바드의 이야기에 귀를 기울였어요. 그리고 신드바드와 함께 자기들의 섬으로 돌아갔지요. 그곳에서 사람들은 신드바드에게 왕을 소개시켜 주었는데요. 왕이 신드바드를 아주 마음에 들어 했지 뭐예요.

"그대의 나라로 돌아가지 말고 이곳에서 오래오래 살아 주면 좋겠군."

신드바드는 차마 왕의 뜻을 거절할 수 없었어요. 그래서 아름다운 여인과 결혼하고 꼼짝없이 섬에 눌러앉게 되었어요. 하지만 바다 너머 고향 바그다드가 그리워서 견딜 수 없었지요. 언제든 바그다드로 돌아갈 날만 기다렸답니다.

그러던 어느 날, 신드바드의 아내가 갑자기 병에 걸려 세상을 떠나고 말았어요. 그러자 그곳의 법에 따라 신드바드도 죽은 아내와 함께 산 채로 무덤에 묻혀야만 했어요. 커다란 돌을 치우고 깊은 구덩이로 들어간 신드바드는 죽은 아내 옆에 누웠어요. 조용히 죽음의 시간을 기다리는데……, 갑자기 무슨 소리가 들리지 않겠어요? 누군가가 숨을 헐떡이며 뛰어가는 소리였지요. 신드바드는 얼른 소리가 나는 쪽으로 향했어요. 놀랍게도 작은 구멍으로 가느란 빛이 들어오지 뭐예요!

 톡쏙 궁금하지 않았나요?

- **안주하다** 한곳에 자리를 잡고 편안하게 사는 것 또는 현재 처지나 상황에 만족하는 것을 뜻해요.
- **선체** 주로 배의 몸체를 말해요. 가끔 배에 실린 짐이나 딸린 것들을 뺀 배 자체를 가리키기도 해요.
- **식인종** 사람을 잡아먹는 야만인들을 일컬어요.

"오, 신이시여! 감사합니다!"

신드바드는 기뻐하며 빛을 따라 나아갔어요. 곧 깊은 구덩이에서 빠져나와 바닷가 근처 산비탈 위에 올랐지요. 마침 가까운 바다에 배가 한 척 떠 있었어요. 신드바드는 재빨리 터번을 풀어 머리 위로 높이 흔들었답니다. 다행히 그 배에서 신드바드를 보고 보트를 보내 주었지요. 무사히 배에 올라탄 신드바드는 그동안 있었던 일을 쭉 이야기했어요. 신드바드를 구해 준 선장은 신드바드의 어깨를 토닥이며 말했어요.

"정말 고생 많으셨습니다. 지금부터는 우리와 함께 안전한 항해를 하시지요."

신드바드가 탄 배는 항해하는 동안 많은 항구를 들렀고, 신드바드는 그때마다 큰 돈을 벌었어요. 그래서 신드바드가 바그다드에 돌아올 때는 아주 큰 부자가 되어 있었답니다.

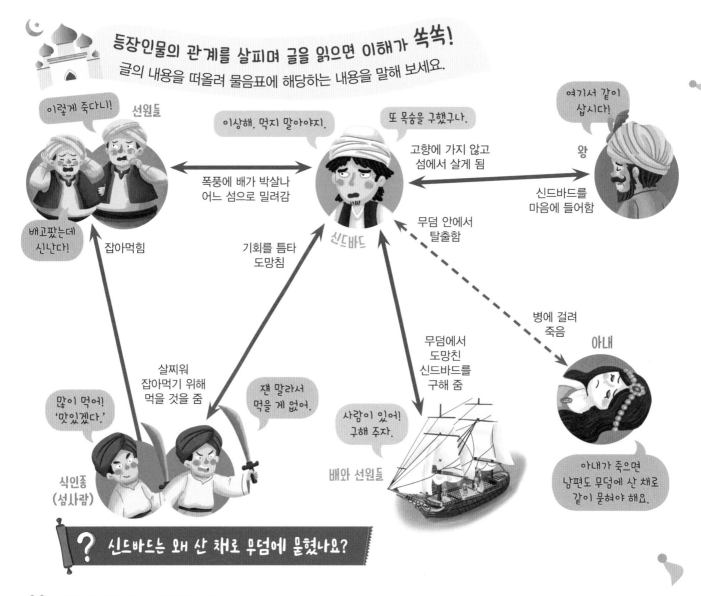

1 이야기와 만나는 문장 쓰기   다음 문장을 빈칸에 따라 써 보세요.

"	나	는		식	인	종	에	게		잡	혀		있	다	가		간	신
히		도	망	치	는		길	이	라	오	!	"						

2 이해하는 문장 쓰기   식인종을 피해 달아나던 신드바드를 만난 사람들은 어디에서 누구를 소개시켜 주었나요?

사람들은   다.

3 생각을 발견하는 문장 쓰기   신드바드가 사람들을 따라간 섬에서 계속 살게 된 이유는 무엇일까요?

신드바드는   다.

4 상상하는 문장 쓰기   여러분이 신드바드라면 섬에 남아 달라고 하는 왕의 말을 듣고 어떻게 했을까요?

내가 신드바드라면   다.

모아쓰기   위에서 답으로 쓴 네 문장을 연결해서 써 보세요. 하나의 근사한 글이 될 거예요.

신드바드의 다섯 번째와 여섯 번째 모험

바그다드에서 충분히 휴식을 취한 신드바드는 다시 항해를 떠날 준비를 했어요. 이번에는 다른 배를 얻어 타지 않고 자기 배를 사서 짐을 실었답니다. 선장과 선원을 데리고 출발한 배는 곧 사람이 살지 않는 섬에 도착했어요. 신드바드는 선원들과 섬을 둘러보다가 아주 커다란 알을 발견했지요. 마침 알에서 아기 새가 태어나려고 하는 순간이었어요.

"알을 건드리지 말고 그냥 갑시다. 근처에 어미 새가 있을 수 있으니까요."

하지만 선원들은 신드바드의 말을 듣지 않고 기어이 아기 새를 잡아먹었어요. 그러자 신드바드가 말한 대로 거대한 새 두 마리가 날아들었지요. 아기 새의 부모 새였어요. 선원들이 허겁지겁 배로 달아나자 부모 새들은 커다란 돌멩이를 움켜쥐고 쫓아왔어요. 그리고 배를 향해 냅다 돌멩이를 떨어뜨렸어요. 첫 번째는 용케 피했지만 두 번째는 배 한복판에 맞아 버렸지요. 퍽! 우지끈!

배는 산산조각이 나서 가라앉았고 선원들도 물에 빠졌어요. 신드바드만 가까스로 나무판자를 붙잡은 채 둥실둥실 파도에 떠밀려 갔어요. 그러다 우연히 마주친 배에 구조되었지요. 배는 신드바드를 큰 도시의 항구로 데려다주었어요. 그곳에서 신드바드는 새로 사귄 상인과 커다란 자루를 들고 코코넛 숲으로 갔는데요. 코코넛 나무 위로 올라간 원숭이를 향해 돌을 던지면 화난 원숭이들이 코코넛을 마구 던져 대지 않겠어요? 신드바드는 바닥에 떨어진 코코넛을 열심히 주웠어요. 그렇게 몇 번을 반복하자 제법 많은 코코넛이 쌓였지요. 신드바드는 바그다드로 돌아오는 길에 들리는 곳마다 코코넛을 팔거나 알로에 나무 또는 후추랑 바꿨어요. 상인들과 함께 크고 흰 진주를 캐기도 했어요.

바그다드로 돌아온 신드바드는 바리바리 챙겨 온 알로에 나무, 후추, 진주를 많은 돈을 받고 남김없이 팔았답니다. 신드바드가 바그다드에서도 손꼽히는 부자가 된 것은 두말할 필요도 없었지요. 그러나 얼마 지나지 않아 신드바드는 또다시 좀이 쑤셨어요. 끝내 참지 못하고 여섯 번째 항해를 떠났어요.

그런데 배가 급류에 휩쓸리며 난파°되었어요. 신드바드는 겨우 목숨만 건져서 커다란 섬의 끝자락에 닿았지요. 그곳에 마침 강물이 흘러드는 큰 동굴이 있었어요.

"이대로 가만히 앉아 손가락만 빨고 있을 수는 없지. 밑져야 본전이야!"

신드바드는 주변에 떠밀려 온 나무판자와 밧줄로 뗏목을 만들었어요. 값진 물건을 건져서 뗏목에 싣고 동굴 안으로 들어갔지요. 깜깜한 동굴 안을 얼마나 헤맸을까

 궁금하지 않았나요?

- **난파** 항해하던 배가 폭풍우를 만나 부서지거나 뒤집히는 것을 말해요.
- **세렌디브 섬** 인도의 남쪽 인도양에 있는 섬으로 지금의 스리랑카예요. 예전에 불리던 영어식 이름이 실론, 아랍식 이름이 세렌디브였답니다.
- **칼리프** 정치와 종교를 아우르는 이슬람 공동체의 최고 지도자예요. 비슷한 말로 칼리파라고도 불려요.

요? 어느새 눈앞이 환해지며 강둑에 옹기종기 서 있는 섬사람들이 보였어요.

"여기는 세렌디브 섬*이오. 그대는 어디서 온 누구요?"

피부가 까만 섬사람들은 신드바드의 이야기를 듣고 크게 놀라워하며 신드바드를 세렌디브의 왕에게 데려갔어요. 세렌디브의 왕은 신드바드를 반갑게 맞으며 신드바드의 이야기를 흥미롭게 들었답니다. 그런 다음 신드바드에게 귀한 선물을 내리고 칼리프*에게 보내는 편지와 선물을 맡겼어요.

"이것은 칼리프께 보내는 나의 우정과 성의라오. 부디 잘 전해 주시오."

"염려하지 마십시오. 제가 목숨을 걸고 전해 드리겠습니다."

신드바드는 세렌디브의 왕에게 배웅을 받으며 바그다드로 떠났어요. 무사히 바그다드에 도착한 뒤에는 칼리프를 만나 세렌디브의 왕이 전해 달라고 부탁한 선물과 편지를 바쳤답니다.

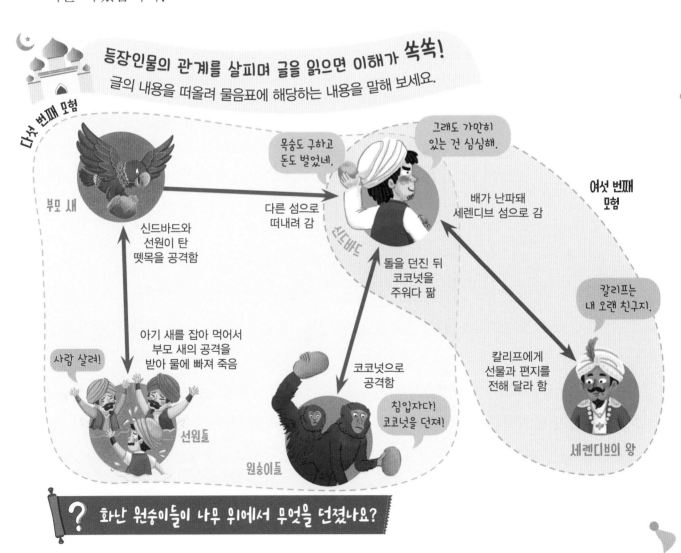

등장인물의 관계를 살피며 글을 읽으면 이해가 쏙쏙!
글의 내용을 떠올려 물음표에 해당하는 내용을 말해 보세요.

다섯 번째 모험

부모 새

신드바드와 선원이 탄 뗏목을 공격함

목숨도 구하고 돈도 벌었네.

그래도 가만히 있는 건 심심해.

신드바드

다른 섬으로 떠내려 감

배가 난파돼 세렌디브 섬으로 감

여섯 번째 모험

사람 살려!

아기 새를 잡아 먹어서 부모 새의 공격을 받아 물에 빠져 죽음

선원들

돌을 던진 뒤 코코넛을 주워다 팖

코코넛으로 공격함

침입자다! 코코넛을 던져!

원숭이들

칼리프에게 선물과 편지를 전해 달라 함

칼리프는 내 오랜 친구지.

세렌디브의 왕

? 화난 원숭이들이 나무 위에서 무엇을 던졌나요?

1 이야기와 만나는 문장 쓰기 다음 문장을 빈칸에 따라 써 보세요.

| 배 | 는 | | 산 | 산 | 조 | 각 | 이 | | 나 | 서 | | 가 | 라 | 앉 | 았 | 고 | | 선 |
| 원 | 들 | 도 | | 물 | 에 | | 빠 | 졌 | 어 | 요 | . | | | | | | | |

2 이해하는 문장 쓰기 선원들이 탄 배는 왜 돌멩이에 맞아 부서졌을까요?

선원들이   다.

3 생각을 발견하는 문장 쓰기 신드바드는 자기 말을 듣지 않아서 부모 새의 공격을 받고 물에 빠진 선원들을 보고 어떤 생각을 했을까요?

신드바드는   다.

4 상상하는 문장 쓰기 여러분이 신드바드라면 선원들이 아기 새를 잡아먹으려 할 때 어떻게 했을까요?

내가 신드바드라면   다.

모아쓰기 위에서 답으로 쓴 네 문장을 연결해서 써 보세요. 하나의 근사한 글이 될 거예요.

신드바드의 일곱 번째이자 마지막 모험

바그다드로 돌아온 신드바드는 두 번 다시 항해를 떠나지 않기로 마음먹었어요.

"휴, 이번 모험은 정말 힘들었어. 이제 나도 나이가 있으니 위험한 모험을 그만둬야지. 앞으로는 집에서 평온한 생활을 즐겨야겠어."

그리고 며칠이 지난 어느 날, 칼리프가 신드바드를 궁으로 불러 말했어요.

"그대에게 부탁이 있소. 세렌디브의 왕에게 답례°하고 싶으니 그대가 세렌디브의 왕에게 다녀와 주시오. 이는 오로지 그대만이 할 수 있는 일이라오."

신드바드는 칼리프의 명에 따라 울며 겨자 먹기로 세렌디브 섬으로 떠났어요. 세렌디브 섬에 도착하자 세렌디브의 왕이 신드바드를 반갑게 맞아 주었지요. 세렌디브의 왕은 칼리프의 편지와 선물을 받고 뛸 듯이 기뻐했답니다. 감사의 표시로 칼리프와 신드바드를 위해 진귀한 선물을 잔뜩 내주었어요. 신드바드는 기쁜 마음으로 세렌디브의 왕이 준 선물을 배에 싣고 바그다드를 향해 출발했어요. 그런데 이게 웬일이에요? 해적이 신드바드가 탄 배를 덮쳤어요! 해적은 신드바드와 선원들을 꽁꽁 묶더니만 노예 시장으로 끌고 갔어요. 그곳에서 신드바드는 어느 부유한 상인의 노예로 팔렸답니다.

다행히도 상인은 신드바드를 무척 마음에 들어 했어요. 그래서 잘 먹이고 잘 입히고 아주 잘 대해 주었지요. 하루는 상인이 신드바드를 울창한 숲으로 데려갔어요.

"활과 화살을 줄 테니 나무 위로 올라가 코끼리가 나타나면 쏘아라."

신드바드는 상인이 시키는 대로 나무 위에서 코끼리가 나타나기를 기다렸어요. 마침내 코끼리 무리가 나타나자 신드바드는 화살을 막 쏘아댔지요. 그러자 갑자기 무리에서 가장 큰 코끼리가 신드바드가 올라가 있는 나무를 향해 돌진했어요! 코끼리는 코로 나무를 감싸더니 뿌리째 뽑아서 내동댕이쳤어요! 더욱 놀라운 것은 바닥에 내던져진 신드바드를 코로 감아올려 제 등에 태우는 행동이었어요. 신드바드는 어안이 벙벙했지요.

'날 죽이려는 줄 알았는데……, 도대체 어디로 데려가는 걸까?'

코끼리는 외딴 언덕 위에 신드바드를 내려 주었어요. 그곳에는 코끼리 뼈와 상아●가 수북하게 쌓여 있었지요. 그래요, 그곳은 바로 코끼리들의 무덤이었어요!

"여기서 상아를 가져가고 자기들을 공격하지 말라는 뜻이구나!"

신드바드는 냉큼 상인에게 달려가서 이 사실을 알렸어요. 상인은 그 이야기를 듣고 뛸 듯이 기뻐했지요.

"네 덕분에 비싼 상아를 잔뜩 얻었구나. 정말 고맙다!"

 톡쏘 궁금하지 않았나요?

- **답례** 다른 사람에게서 받은 말, 동작, 물건 따위를 도로 갚는 예의를 말해요.
- **상아** 코끼리의 엄니예요. 입 밖으로 뿔처럼 길게 돋아나 있지요. 단단하고 윤이 나서 예로부터 공예품을 만드는 고급 재료로 많이 사용했답니다.
- **융숭하다** 대우하는 태도가 정중하고 극진하다는 뜻이에요.

상인은 신드바드를 노예 신분에서 풀어 주었어요. 또한 신드바드가 바그다드로 잘 돌아갈 수 있게 배에 상아와 특산품, 음식을 넉넉히 실어 주었답니다. 그 덕분에 신드바드는 편안한 항해를 할 수 있었어요. 바그다드로 돌아오는 길에 상아와 특산품을 팔아서 칼리프에게 바칠 선물도 샀고요. 돈도 아주 많이 벌었지요.

드디어 바그다드에 이르자 신드바드는 곧장 칼리프를 찾아갔어요. 칼리프에게 선물을 바치고 그동안 있었던 일을 조목조목 이야기했지요. 칼리프는 미소를 지으며 말했어요.

"오랫동안 돌아오지 않아 걱정했노라. 끝까지 포기하지 않고 돌아와서 고맙다."

칼리프는 고생한 신드바드를 위로하고 으리으리한 선물을 내려 주었어요. 신드바드는 융숭한* 대접을 받고 기분 좋게 집으로 돌아왔어요. 그 뒤로 신드바드는 다시는 모험을 떠나지 않고 집에서 오래오래 행복하게 잘 살았답니다.

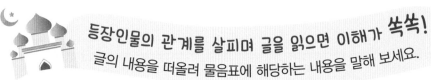

등장인물의 관계를 살피며 글을 읽으면 이해가 쏙쏙!
글의 내용을 떠올려 물음표에 해당하는 내용을 말해 보세요.

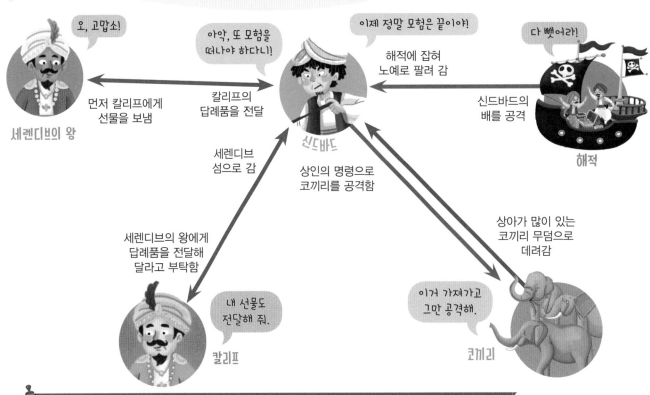

오, 고맙소!

아악, 또 모험을 떠나야 하다니!

이제 정말 모험은 끝이야!

다 뺏어라!

해적에 잡혀 노예로 팔려 감

먼저 칼리프에게 선물을 보냄

칼리프의 답례품을 전달

신드바드의 배를 공격

세렌디브의 왕

세렌디브 섬으로 감

신드바드

해적

상인의 명령으로 코끼리를 공격함

상아가 많이 있는 코끼리 무덤으로 데려감

세렌디브의 왕에게 답례품을 전달해 달라고 부탁함

내 선물도 전달해 줘.

이거 가져가고 그만 공격해.

칼리프

코끼리

❓ 신드바드가 칼리프의 명령에 따라 울며 겨자 먹기로 간 곳은 어디인가요?

1 이야기와 만나는 문장 쓰기 다음 문장을 빈칸에 따라 써 보세요.

"	활	과		화	살	을		줄		테	니		나	무		위	로
올	라	가		코	끼	리	가		나	타	나	면		쏘	아	라	.	"

2 이해하는 문장 쓰기 신드바드가 상인이 시키는 대로 화살을 쏘자 코끼리는 어떻게 했나요?

신드바드가 화살을 쏘자   다.

3 생각을 발견하는 문장 쓰기 신드바드는 코끼리 무덤을 보고 어떤 생각을 했을까요?

신드바드는   다.

4 상상하는 문장 쓰기 여러분이 신드바드라면 코끼리가 코끼리 무덤을 가르쳐 주었을 때 어떻게 했을까요?

내가 신드바드라면   다.

모아쓰기 위에서 답으로 쓴 네 문장을 연결해서 써 보세요. 하나의 근사한 글이 될 거예요.

왜 부서졌을까요?

앗, 신드바드가 탄 배가 또 부서졌어요! 신드바드가 타고 갈 튼튼한 배가 필요해요.
4장의 이야기에서 신드바드가 타고 있던 배가 부서졌던 이유가 아닌 것을 골라 보고,
숫자를 따라 선을 이어서 신드바드에게 새로운 배를 만들어 주세요.

① 거친 비바람에 배가 부서졌다.　　② 화산이 폭발해서 배가 부서졌다.

③ 새가 던진 돌에 맞아 배가 부서졌다.　　④ 급류에 휩쓸려 배가 부서졌다.

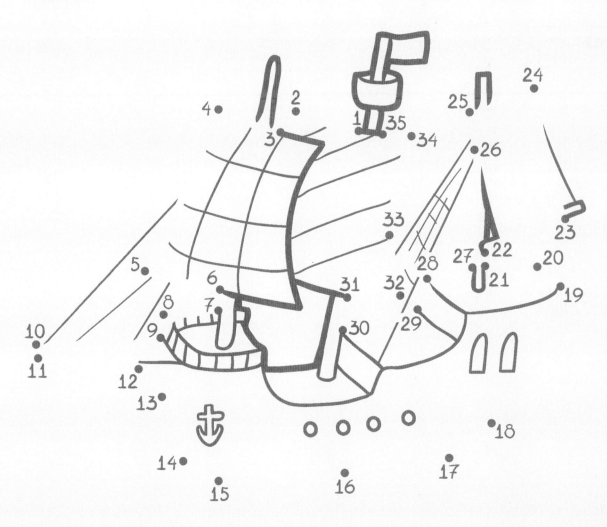

▶ 가이드북 56쪽에 정답

5장

1001일 밤의
행복한 결말

어부와 항아리 요정

옛날에 아주 가난한 어부가 살았어요. 어부는 그날그날 잡은 물고기를 팔아 끼니를 이었답니다. 하루는 아침 일찍 바닷가로 나가 그물을 던졌는데요. 세 번이나 쓸모없는 쓰레기들이 그물에 걸려 올라왔지 뭐예요. 어부는 한숨을 푹푹 쉬었어요.

"오늘따라 일진●이 안 좋군. 이러다 끼니를 굶겠어!"

어부는 신께 물고기를 잡게 해 달라고 기도하며 다시 그물을 던졌어요. 이번엔 웬 놋쇠● 항아리가 걸려 올라왔지요. 항아리 입구는 꽉 봉해져● 있었어요.

"이게 웬 떡이람? 놋쇠를 팔아 끼니를 때워야겠다."

어부는 항아리를 들어 이리저리 흔들어 보았어요. 하지만 아무 소리가 들리지 않았지요. 어부는 항아리 안에 뭐가 들었는지 궁금해서 칼로 뚜껑을 열었답니다. 그러자 이게 웬일이에요? 갑자기 항아리 안에서 진한 연기가 모락모락 피어오르는 것이 아니겠어요?

곧이어 펑! **커다란 항아리 요정이 나타났어요!** 항아리 요정은 험악한 표정으로 말했지요.

"네 녀석은 이제 죽은 목숨이다. 내가 널 어떻게 죽이면 좋겠느냐?"

"왜 저를 죽이려고 하시나요? 제가 항아리를 열고 요정님을 구해 드렸는데요!"

"난 오래전에 신께 반항하다가 벌로 항아리에 갇혔다. 처음 100년 동안은 누구든 날 구해 주면 큰 부자로 만들어 주겠노라 마음먹었지. 그다음 100년 동안은 날 구해 주면 온갖 진귀한 보물을 주겠노라 다짐했다. 마지막 100년 동안은 날 구해 주는 자를 왕으로 만들고 날마다 세 가지 소원을 들어주겠노라 결심했지."

항아리 요정은 무서운 목소리로 말을 이었어요.

"하지만 아무도 날 구해 주지 않았다! 나는 화가 머리끝까지 치솟았지. 그래서 이제는 날 구한 자의 목숨을 거두기로 작정했다. 이것이 네가 죽을 이유이니라."

어부는 어처구니가 없었어요. 잠시 고민하다가 한 가지 꾀를 내었답니다.

"항아리 요정님, 궁금한 게 있습니다."

"말해 보아라."

"정말 이 항아리에 들어 있었나요? 요정님은 이렇게 큰데요?"

"신의 이름으로 맹세컨대, 나는 그 항아리 속에 들어 있었노라."

어부는 요정의 대답에도 고개를 절레절레 저었어요.

"믿을 수가 없습니다. 요정님은 크고 항아리는 작지 않습니까? 요정님의 팔 한쪽도 들어갈 것 같지 않아 보이는 걸요. 요정님이 직접 항아리 속에 들어가시면 모를까, 말씀만으로는 도저히 못 믿겠습니다."

 톡씨 궁금하지 않았나요?

- **일진** 그날의 운세를 말해요. 실제로 운세를 보지 않더라도 그날 좋지 않은 일이 반복되면 '일진이 나쁘다' 혹은 '일진이 사납다' 등으로 표현해요.
- **놋쇠** 구리에 아연을 섞어서 만든 금속이에요. 녹슬지 않기 때문에 물건으로 만들기 좋아서 공업 재료로 널리 사용된답니다.
- **봉하다** 문이나 봉투, 그릇의 뚜껑 따위를 싸거나 붙여서 열지 못하게 하는 일이에요.

"좋아, 지금 내가 항아리 속으로 들어가마. 두 눈 똑똑히 뜨고 보아라."

항아리 요정은 말을 마치자마자 몸이 흐려지더니 진한 연기로 변했어요. 그러고는 회오리치듯 항아리 속으로 쑥쑥 빨려 들어갔지요. 마지막 한 줄기 연기까지 모두 항아리로 들어간 순간, 어부는 기다렸다는 듯 잽싸게 뚜껑을 탁! 닫아 버렸어요.

"이게 무슨 짓이냐? 당장 항아리 뚜껑을 열지 못해?"

항아리 요정이 고래고래 소리쳤지만 어부는 눈 하나 까닥하지 않았어요.

"싫어요! 전 항아리 뚜껑을 꽉 막은 다음에 바다 깊숙이에다 항아리를 던져 버릴 거예요!"

"안 돼! 제발 날 풀어 줘! 그러면 네가 원하는 것은 무엇이든 다 들어주겠다."

"항아리 요정님을 어떻게 믿죠? 옛날에 나병 걸린 왕이 의사 두반을 배신했던 것처럼 항아리 요정님도 저를 배신할 텐데요!"

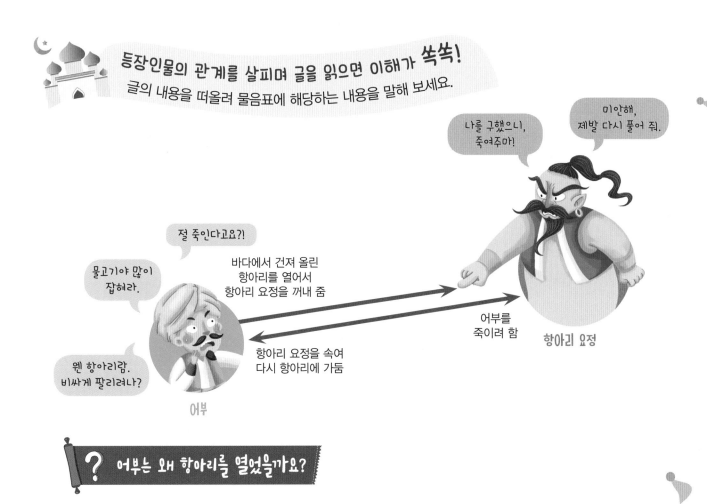

1 이야기와 만나는 문장 쓰기 다음 문장을 빈칸에 따라 써 보세요.

커	다	란		항	아	리		요	정	이		나	타	났	어	요	!

2 이해하는 문장 쓰기 항아리 요정은 풀려나자마자 어부에게 뭐라고 말했나요?

항아리 요정은   다.

3 생각을 발견하는 문장 쓰기 어부는 항아리 요정의 죽이겠다는 위협에서 어떻게 벗어날 수 있었을까요?

어부는   다.

4 상상하는 문장 쓰기 여러분이 항아리 요정이라면 어부가 구해 주었을 때 어떻게 했을까요?

내가 항아리 요정이라면   다.

모아쓰기 위에서 답으로 쓴 네 문장을 연결해서 써 보세요. 하나의 근사한 글이 될 거예요.

나병 걸린 왕과 의사 두반

옛날에 어떤 왕이 나병*에 걸렸어요. 왕은 나병을 고치려고 수많은 의사를 불러 갖가지 치료를 했지만 아무 소용이 없었지요. 그러던 어느 날, 두반이라는 의사가 왕을 찾아왔답니다.

"전하, 저를 한번 믿어 보시겠습니까? 제가 전하의 나병을 낫게 해 드릴 수 있습니다."

"물론이오. 나병만 낫게 해 준다면 그대가 원하는 모든 것을 들어주겠소!"

그러자 두반은 방망이와 공을 만들어 왕에게 바쳤어요. 방망이는 속이 텅 비었고 손잡이 안에는 특별한 약이 들어 있었지요.

"전하, 몸에서 땀이 날 때까지 이 방망이로 공을 치십시오. 온몸에서 땀이 나면 그만하셔도 됩니다. 방망이 손잡이에 들어 있는 약의 기운이 전하의 몸에 퍼졌다는 뜻이니까요. 궁전으로 돌아오시면 곧바로 몸을 씻고 푹 주무십시오."

왕은 두반이 시키는 대로 했어요. 그러자 정말 나병이 씻은 듯 나았지 뭐예요? 왕은 크게 기뻐하며 당장 두반을 불렀지요. 모든 신하 앞에서 두반을 칭찬하고 큰 상을 내렸답니다. 그런데 그때 대신 한 명이 두반을 몹시 질투하지 않겠어요? 대신은 왕에게 두반을 모함*하기 시작했어요.

"두반은 적국에서 전하를 해치려고 보낸 사람입니다. 전하, 두반을 믿지 마소서."

"그럴 리 없소. 지혜로운 대신이 신드바드 왕을 깨우쳐 주려고 했던 이야기를 한 번 들어 보시오."

아주 아름다운 아내를 둔 남자가 있었소. 하루는 남자가 급하게 집을 떠나야 하는 일이 생기자 앵무새 한 마리를 사 와서 아내에게 맡겼다오. 그리고 볼일을 보러 떠났다가 며칠 뒤에 돌아왔지. 남자는 앵무새에게 별일 없었는지 물었고, 앵무새는 남자가 없는 동안 아내가 저지른 나쁜 행실*을 일렀다오. 남자는 당장 아내를 불러 꾸짖었소. 난데없이 야단을 맞은 아내는 화가 잔뜩 났지.

'앵무새 때문에 나만 혼났잖아? 이대로 가만둘 수 없지. 어떻게 복수할까?'

아내는 앵무새를 혼쭐낼 방법을 궁리했소. 그러다 남자가 또다시 집을 비울 일이 생겼지. 아내는 밤까지 기다렸다가 노예 셋을 불러서 명령했소. 첫 번째 노예는 새장 밑에서 맷돌을 돌리게 하고, 두 번째 노예는 새장 위에 물을 뿌리게 하고, 세 번째 노예는 앵무새 앞에다 촛불을 놓고 그 앞에서 거울을 든 채 왔다 갔다 하게 했소. 그다음 날, 남자가 집에 돌아와서 앵무새에게 별일 없었느냐고 묻자, 앵무새가 답했소.

"주인님, 어제는 밤새도록 천둥 번개가 치고 비가 쏟아져서 한숨도 못 잤습니다."

 톡쏘 궁금하지 않았나요?

- **나병** 나균으로 걸리는 전염병이에요. 역사상 가장 오래된 질병 가운데 하나로 요즘은 주로 한센병이라고 불러요. 나병에 걸리면 피부에 반점이 생기고 손발과 얼굴이 뭉개지며 눈썹이 빠지고 눈이 잘 보이지 않게 돼요.
- **모함** 어떤 사람을 나쁘게 말하거나 나쁜 꾀로 어려운 처지에 빠지게 만드는 일을 말해요.
- **행실** 실제로 드러나는 행동을 뜻해요. 비슷한 말로는 행동, 몸가짐 등이 있어요.

남자는 불같이 화를 내며 앵무새가 들어 있는 새장을 들어서 냅다 집어 던졌지.

"어제 비가 왔다는 거짓말을 하다니 용서할 수 없다. 네 녀석이 감히 나를 속여?"

새장이 바닥에 부딪힌 충격으로 앵무새는 그만 죽고 말았소. 하지만 남자는 얼마 지나지 않아 이웃들에게서 진실을 듣게 되었다오.

"아아, 아내가 앵무새를 속였을 줄이야! 내가 정직한 앵무새를 오해해서 정말 미안하구나."

그제야 남자는 땅을 치며 후회했지만 때는 이미 늦었지.

이야기를 마친 왕은 대신에게 말했어요.

"이보시오, 대신. 나는 아내에게 속아 앵무새를 죽이고 뒤늦게 후회한 남자처럼 되고 싶지 않소. 그대는 내가 두반을 죽이고 후회하기를 원하시오?"

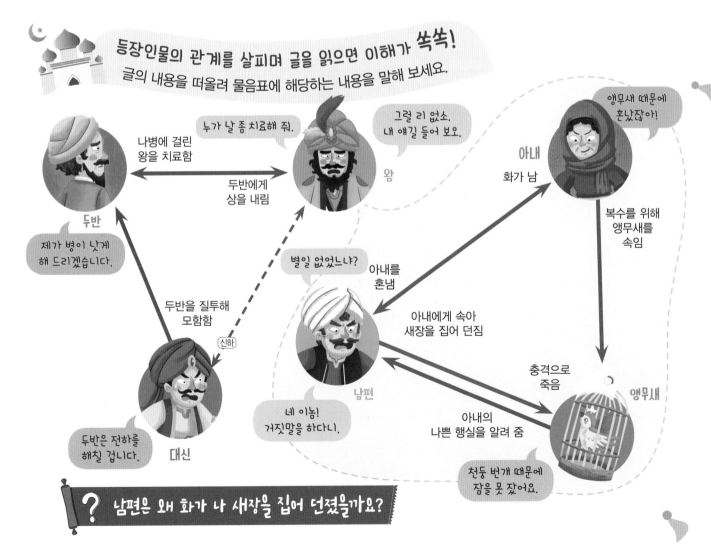

등장인물의 관계를 살피며 글을 읽으면 이해가 쏙쏙!
글의 내용을 떠올려 물음표에 해당하는 내용을 말해 보세요.

누가 날 좀 치료해 줘.

그럴 리 없소. 내 얘길 들어 보오.

앵무새 때문에 혼났잖아!

나병에 걸린 왕을 치료함

두반에게 상을 내림

왕

아내
화가 남

두반

제가 병이 낫게 해 드리겠습니다.

복수를 위해 앵무새를 속임

별일 없었느냐?

아내를 혼냄

두반을 질투해 모함함

신하

아내에게 속아 새장을 집어 던짐

충격으로 죽음

앵무새

남편

네 이놈! 거짓말을 하다니.

아내의 나쁜 행실을 알려 줌

두반은 전하를 해칠 겁니다.

대신

천둥 번개 때문에 잠을 못 잤어요.

? 남편은 왜 화가 나 새장을 집어 던졌을까요?

1 이야기와 만나는 문장 쓰기 다음 문장을 빈칸에 따라 써 보세요.

"	두	반	은		적	국	에	서		전	하	를		해	치	려	고
보	낸		사	람	입	니	다	.	"								

2 이해하는 문장 쓰기 대신이 왕에게 두반을 모함한 이유는 무엇이었나요?

대신은   다.

3 생각을 발견하는 문장 쓰기 왕이 두반을 모함하는 대신의 말을 듣지 않으려고 한 이유는 무엇일까요?

왕은   다.

4 상상하는 문장 쓰기 여러분이 왕이라면 대신이 두반을 모함할 때 어떻게 했을까요?

내가 왕이라면   다.

모아쓰기 위에서 답으로 쓴 네 문장을 연결해서 써 보세요. 하나의 근사한 글이 될 거예요.

어리석은 왕의 최후

대신은 왕의 이야기에도 한사코* 뜻을 굽히지 않았어요.

"전하, 제가 죄 없는 사람을 해치려고 한다고 생각하시면 저를 벌하셔도 좋습니다. 하지만 잘 생각해 보십시오. 두반이 과연 전하를 치료했다고 할 수 있을까요? 두반이 전하께 드린 약이 시간이 지나면 독으로 바뀌지 않는다고 장담*할 수 있을까요?"

대신은 끈질기게 왕을 설득했어요. 시간이 지날수록 왕은 마음이 흔들렸지요.

'대신의 말이 맞을지도 모른다. 두반이 나를 안심시킨 다음에 해치려고 하는 것인지 어떻게 아는가?'

한번 의심이 싹트자 걷잡을 수 없이 커져만 갔어요. 왕은 어느새 두반이 자신을 죽이려고 한다고 믿게 되었지요.

"두반이 날 죽이기 전에 내가 먼저 죽여야겠어. 여봐라, 두반을 당장 불러들여라!"

임금님은 갑자기 불려 나와 어리둥절한 두반에게 말했어요.

"네가 나를 죽이려고 한다는 말을 들었다. 그래서 그전에 너를 처형하려고 한다."

"억울합니다! 제발 저를 살려 주시옵소서. 저는 전하의 병을 치료했을 뿐입니다."

"안 된다. 네가 약을 써서 나를 구했듯 나를 죽일 수도 있기 때문이다."

두반은 왕이 끝끝내 고집을 꺾지 않자 한숨을 푹 내쉬었어요.

"죽기 전에 마지막으로 부탁 한 가지만 들어주십시오. 집에 가서 가족들과 작별 인사를 하고, 제 책 가운데 가장 귀한 책을 전하께 바치고 싶습니다."

왕은 두반의 책이 너무 궁금했어요. 그래서 처형을 미루고 두반이 집에 다녀올 때까지 기다렸지요. 다음 날, 두반은 책을 가져와 왕에게 바치며 다시 간청●했어요.

"저는 정말 죄가 없습니다. 그래도 저를 죽이시겠습니까?"

"그렇다. 그러니 어서 책을 내놓아라."

"할 수 없군요. 제가 죽으면 이 책을 펼치십시오. 여섯 번째 장의 왼쪽 면의 세 번째 줄을 읽으시면 됩니다."

왕은 냉큼 책을 받아 들고 두반을 처형했어요. 그리고 책을 펼치려는데 책장이 달라붙어서 잘 떨어지지 않았어요. 왕은 손가락에 침을 묻혀서 책장을 넘겼지요. 그런데 두반이 말한 위치에는 아무것도 적혀 있지 않았어요. 당황한 왕은 몇 장을 더 넘겼어요. 그러자 갑자기 눈앞이 어두워지며 온몸에 힘이 빠지지 뭐예요? 그때였어요! 죽은 두반이 눈을 번쩍 뜨고 말했어요.

"나쁜 왕이여, 죄 없는 사람의 목숨을 빼앗은 죗값●을 네 목숨으로 치르라!"

두반이 말하자마자 왕은 그대로 쓰러져 죽었답니다.

 톡상 궁금하지 않았나요?

- **한사코** 죽기로 기를 쓰는 모습을 가리키는 말이에요. 비슷한 말로는 '꼭', '기필코', '반드시' 등이 있습니다.
- **장담** 확실한 믿음으로 자신 있게 하는 말이나 그렇게 말하는 태도를 뜻해요.
- **간청** 간절한 부탁을 가리키는 말이에요.
- **죗값** 지은 죄에 알맞게 치르는 대가를 말하지요. '죗값을 받다', '죗값을 치르다'라는 표현으로 자주 쓰여요.

항아리에 갇힌 요정은 어리석은 왕과 의사 두반에 대한 어부의 이야기가 끝나자 다급히 외쳤어요.

"날 풀어 주면 널 살려 주겠다. 아니, 널 큰 부자로 만들어 주겠다!"

"신의 이름을 걸고 맹세하세요. 그러면 풀어 드리죠."

어부는 항아리 요정의 맹세를 듣고서야 항아리 뚜껑을 열어 주었어요. 항아리 밖으로 나온 항아리 요정은 어부를 네 개의 언덕으로 둘러싸인 호수로 데려갔지요. 그곳에는 빨강, 노랑, 파랑, 하양 물고기가 잔뜩 헤엄치고 있었어요. 항아리 요정이 말했어요.

"이 물고기들을 잡아서 황제에게 바치도록 해라. 단, 그물은 하루에 두 번만 던져야 한다."

말을 마친 지니 요정은 발을 쿵 구르더니 땅속으로 홀연히 사라져 버렸답니다.

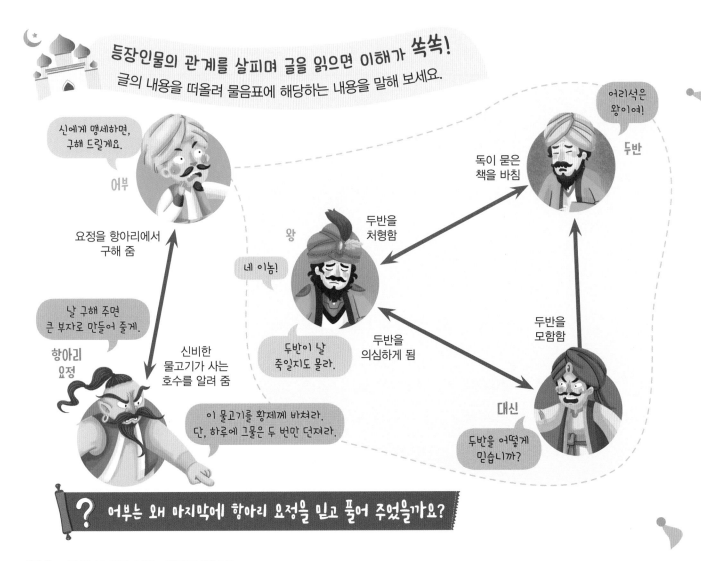

등장인물의 관계를 살피며 글을 읽으면 이해가 쏙쏙!
글의 내용을 떠올려 물음표에 해당하는 내용을 말해 보세요.

신에게 맹세하면, 구해 드릴게요.

어부

요정을 항아리에서 구해 줌

날 구해 주면 큰 부자로 만들어 줄게.

항아리 요정

신비한 물고기가 사는 호수를 알려 줌

이 물고기를 황제께 바쳐라. 단, 하루에 그물은 두 번만 던져라.

왕

네 이놈!

두반이 날 죽일지도 몰라.

두반을 처형함

두반을 의심하게 됨

독이 묻은 책을 바침

어리석은 왕이여!

두반

두반을 모함함

대신

두반을 어떻게 믿습니까?

? 어부는 왜 마지막에 항아리 요정을 믿고 풀어 주었을까요?

1 이야기와 만나는 문장 쓰기   다음 문장을 빈칸에 따라 써 보세요.

"	죽	기		전	에		마	지	막	으	로		부	탁		한		가
지	만		들	어	주	십	시	오	.	"								

2 이해하는 문장 쓰기   두반이 마지막으로 왕에게 부탁하면서까지 하려고 한 일은 무엇인가요?

두반은   다.

3 생각을 발견하는 문장 쓰기   왕이 두반의 간청을 뿌리치고 끝내 두반을 죽인 이유는 무엇일까요?

왕은   다.

4 상상하는 문장 쓰기   여러분이 두반이라면 왕이 자신을 처형하려고 할 때 어떻게 했을까요?

내가 두반이라면   다.

모아쓰기   위에서 답으로 쓴 네 문장을 연결해서 써 보세요. 하나의 근사한 글이 될 거예요.

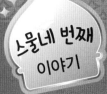
바그다드의 상인 알리 코기아

옛날 바그다드에 부유한 상인 알리 코기아가 살았어요. 하루는 알리 코기아가 멀리 여행을 떠나게 되었어요. 알리 코기아는 금화 천 냥을 항아리에 담고 그 위에 올리브를 가득 채워서 친구에게 맡겼지요.

"내가 돌아올 때까지 이 올리브 항아리를 잘 보관해 주게나."

친구는 흔쾌히 고개를 끄덕였고 알리 코기아는 마음 편히 여행을 떠났답니다. 그러고는 무려 7년이 흘렀어요. 어느 날, 친구는 문득 알리 코기아가 맡겨 놓은 올리브 항아리를 떠올렸어요.

"오랜만에 올리브나 먹어 볼까? 몇 알 좀 먹는다고 큰일이야 나겠어?"

친구는 입맛을 다시며 올리브 항아리를 열었지요. 그러나 올리브는 이미 곰팡이가 피어 있었어요. 친구는 항아리를 기울여 아래쪽 올리브도 꺼내 보려고 했어요. 그러자 올리브와 함께 금화 몇 닢이 데구루루 굴러 나왔지 뭐예요! 친구는 금화를 보자 욕심이 생겼어요. 항아리 속 올리브와 금화를 몽땅 꺼낸 다음 새 올리브를 채워 넣었지요. 그리고 뚜껑을 닫은 다음 알리 코기아가 놓았던 자리에 그대로 두었어요. 시간이 흐르고 얼마 뒤, 알리 코기아가 친구를 찾아왔답니다.

"정말 오랜만이군! 자네가 내게 맡겼던 올리브 항아리는 창고에 그대로 있다네."

알리 코기아는 친구에게 고마워하며 올리브 항아리를 찾아 집으로 돌아갔어요. 그러나 항아리 속에는 올리브만 가득 채워져 있었지요. 그제야 알리 코기아는 친구에게 자신이 속았다는 사실을 알았어요. 당장 친구를 찾아가 금화를 돌려 달라고 했지만 친구는 시치미를 뚝 뗐어요. 오히려 알리 코기아가 자신을 모함하려고 한다며 펄쩍 뛰었어요.

"자네가 언제 올리브 항아리에 금화가 들어 있다고 했나? 난 손댄 적 없다네!"

알리 코기아는 끝까지 발뺌®하는 친구를 재판장으로 끌고 갔어요. 하지만 판사는 친구에게 무죄를 선언했지요. 알리 코기아는 할 수 없이 왕에게 탄원서®를 보냈어요. 왕은 알리 코기아의 재판을 하루 앞둔 날, 신하와 함께 변장하고 거리를 걸었어요. 그러다 우연히 아이들이 알리 코기아 사건으로 재판 놀이를 하는 장면을 보았답니다. 판사 역할을 맡은 아이가 항아리 속 올리브를 꺼내 먹는 시늉을 하며 말했어요.

"맛있는 올리브로다. 그런데 올리브를 7년이나 두고 먹을 수 있는지 궁금하구나."

그러자 올리브 상인 역할을 맡은 아이가 머리를 조아리며 답했어요.

"올리브는 3년쯤 지나면 도저히 먹을 수 없게 됩니다. 재판장께서 드신 올리브는 올해 수확한 올리브가 틀림없습니다."

 톡씨 궁금하지 않았나요?

- **발뺌** 자기와 관계있는 일에 책임을 지지 않으려고 모른 척하며 빠지는 행동이나 말이에요.
- **탄원서** 억울한 사정을 하소연하며 도와달라고 간절히 부탁하는 글을 말한답니다.
- **판결** 옳고 그름이나 착하고 나쁨을 판단하여 결정을 내리는 것을 뜻합니다.

판사 역할을 맡은 아이는 고개를 끄덕였어요. 그리고 알리 코기아 친구 역할을 맡은 아이를 가리키며 엄한 목소리로 꾸짖었지요.

"이래도 네가 금화를 훔치고 새 올리브를 채워 넣은 사실을 부정할 테냐? 여봐라. 이 죄인을 극형으로 다스려라!"

왕은 아이들의 재판 놀이를 보고 무릎을 탁 쳤어요. 그다음 날, 왕은 판사 역할을 맡은 아이의 판결°을 그대로 따라하여 알리 코기아의 친구에게 엄벌을 내렸답니다. 결국 알리 코기아의 친구는 죄를 인정하고 금화를 숨긴 장소를 밝혔어요. 또한 왕은 훌륭한 판결을 내릴 수 있게 도와준, 재판 놀이를 했던 아이들에게 상을 내려 총명함을 칭찬했답니다.

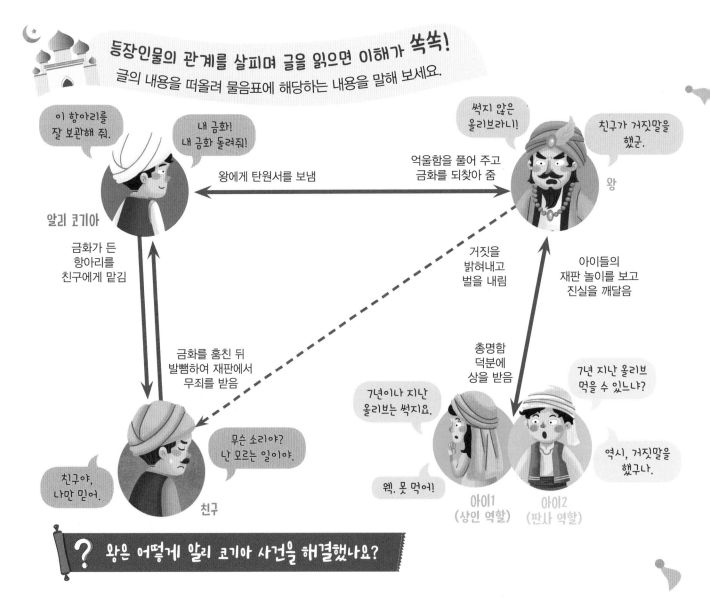

등장인물의 관계를 살피며 글을 읽으면 이해가 쏙쏙!
글의 내용을 떠올려 물음표에 해당하는 내용을 말해 보세요.

이 항아리를 잘 보관해 줘.

내 금화! 내 금화 돌려줘!

썩지 않은 올리브라니!

친구가 거짓말을 했군.

왕에게 탄원서를 보냄

억울함을 풀어 주고 금화를 되찾아 줌

알리 코기아

왕

금화가 든 항아리를 친구에게 맡김

거짓을 밝혀내고 벌을 내림

아이들의 재판 놀이를 보고 진실을 깨달음

금화를 훔친 뒤 발뺌하여 재판에서 무죄를 받음

총명함 덕분에 상을 받음

7년 지난 올리브 먹을 수 있느냐?

7년이나 지난 올리브는 썩지요.

무슨 소리야? 난 모르는 일이야.

역시, 거짓말을 했구나.

친구야, 나만 믿어.

웩, 못 먹어!

친구

아이1 (상인 역할)

아이2 (판사 역할)

? 왕은 어떻게 알리 코기아 사건을 해결했나요?

1 이야기와 만나는 문장 쓰기   다음 문장을 빈칸에 따라 써 보세요.

"	내	가		돌	아	올		때	까	지		이		올	리	브		항
아	리	를		잘		보	관	해		주	게	나	.	"				

2 이해하는 문장 쓰기   알리 코기아의 친구는 올리브 항아리에서 금화를 발견하고 어떻게 했나요?

> 알리 코기아의 친구는   다.

3 생각을 발견하는 문장 쓰기   판사가 알리 코기아의 친구에게 무죄를 준 이유는 무엇일까요?

> 판사는   다.

4 상상하는 문장 쓰기   여러분이 알리 코기아라면 여행을 떠나기 전에 금화 천 냥을 어떻게 했을까요?

> 내가 알리 코기아라면   다.

모아쓰기   위에서 답으로 쓴 네 문장을 연결해서 써 보세요. 하나의 근사한 글이 될 거예요.

마지막 이야기

"왕이시여, 오늘 이야기는 어떠셨습니까?"

"아주 흥미진진했소. **내일 밤에는 그대가 또 어떤 이야기를 들려줄지 기대되는군.**"

샤리야르 왕은 만족스러운 표정으로 셰에라자드를 칭찬했어요. 셰에라자드는 미소 지으며 샤리야르 왕에게 인사했지요.

"감사합니다. 왕께서 마음에 들어 하시니 더없이 기쁩니다."

셰에라자드가 샤리야르 왕의 신부가 되어 처음 이야기를 들려준 지 어느덧 1,001일이라는 시간이 흘렀어요. 그동안 샤리야르 왕은 밤마다 이어지는 셰에라자드의 신기하고 재미있는 이야기에 흠뻑 빠져들었답니다. 날이 밝아 이야기가 끊어지면 뒷이야기가 궁금해서 견딜 수가 없었지요. 그래서 빨리 일과◦를 마치고 셰에라자드의 이야기를 들을 수 있는 밤이 되기를 손꼽아 기다리곤 했어요.

'어쩌면 이렇게 아는 것이 많고 말을 잘할까? 정말 지혜롭고 뛰어난 여인이로다.'

시간이 가면 갈수록 샤리야르 왕은 셰에라자드가 점점 좋아졌어요. 죽음을 각오하고 스스로 샤리야르 왕의 신부로 온 용기도, 위기 앞에서 주눅 들지 않는 의지도, 무궁무진◦한 이야기보따리를 풀어 놓는 말솜씨도 마음에 쏙 들었답니다.

'이토록 재능 있고 아름다운 여인을 꼭 죽여야 할까? 죽이기 너무 아쉬운데…….'

샤리야르 왕은 자기도 모르는 사이에 셰에라자드를 사랑하게 되었지요. 그리고 셰에라자드를 사랑하는 마음이 점차 커지면서 지난날 자신이 했던 잔혹한 맹세를 반성하기 시작했어요. 결국 샤리야르 왕은 고민 끝에 셰에라자드에게 고백했어요.

"셰에라자드, 그대와 천 일하고도 하루의 밤을 보내며 내 생각이 많이 바뀌었소. 지난날, 나는 나를 배신한 왕비에게 상처를 받고 그 분풀이를 죄 없는 여인들에게 했구려. 참으로 미안한 일이오. 이제 나는 나와 하룻밤을 보낸 신부를 다음 날 처형한다는 법을 폐지◦하려고 하오. 이는 그대가 용기 있게 내게로 와서 내 생각을 바꿔 준 덕분이라오."

"왕이시여, 정말 감사합니다."

셰에라자드는 샤리야르 왕의 말을 듣고 기뻐서 눈물을 흘렸어요. 샤리야르 왕은 셰에라자드의 손을 잡고 입을 맞추며 속삭였답니다.

"아름답고 지혜로운 그대를 사랑하오. 앞으로도 그대가 내 곁에서 신비로운 이야기를 들려주며 나만을 사랑해 주면 좋겠소."

"왕이시여, 저는 이미 지극히 사랑하고 있사옵니다."

 혹시 궁금하지 않았나요?

- **일과** 날마다 규칙적으로 하는 일을 말해요. 이야기 속에서는 왕이 하루 동안 처리해야 하는 정치와 관련된 일이라는 의미로 쓰였어요.
- **무궁무진** 없을 무(無), 다할 궁(窮), 없을 무(無), 다할 진(盡)을 써요. 끝이 없고 다함이 없다는 뜻이지요.
- **폐지** 그때까지 실제로 해 오던 제도나 법, 관습, 일, 조직 따위를 그만두거나 없애는 일을 말한답니다.

샤리야르 왕과 셰에라자드는 서로 꼭 끌어안고 진심 어린 사랑을 확인했어요. 이 소식은 셰에라자드의 아버지인 재상에게도 흘러들어 갔어요. 셰에라자드가 죽지 않을 것이라는 사실을 알게 된 재상은 뛸 듯이 기뻐하며 온 나라에 널리 알렸지요.

"끔찍한 비극은 이제 끝났다! 더는 죄 없는 여인이 무참히 죽지 않아도 된다!"

온 나라 백성이 소식을 듣고 크게 기뻐했어요. 용감하고 아름다운 셰에라자드를 칭찬하며 샤리야르 왕과 셰에라자드의 사랑을 축복해 주었어요. 샤리야르 왕도 지혜롭고 용감한 왕으로 돌아왔지요. 백성들이 존경하고 사랑하는 본래 모습으로요. 그리고 사랑하는 셰에라자드와 아주 오래오래 행복하게 잘 살았답니다.

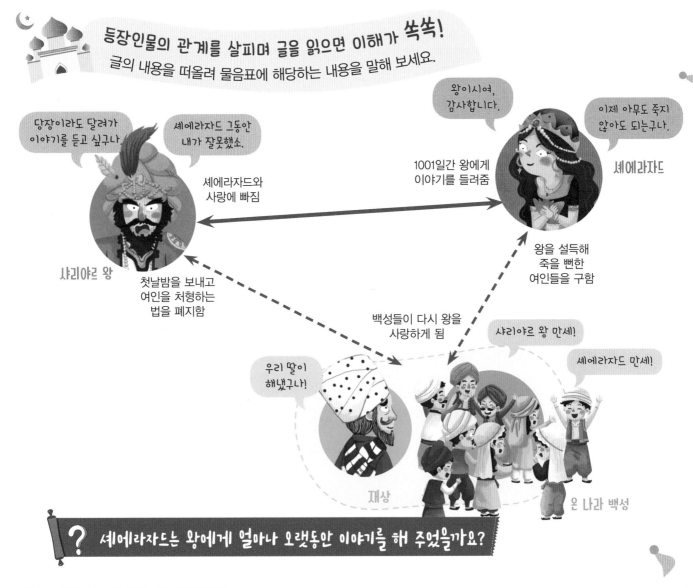

등장인물의 관계를 살피며 글을 읽으면 이해가 쏙쏙!
글의 내용을 떠올려 물음표에 해당하는 내용을 말해 보세요.

당장이라도 달려가 이야기를 듣고 싶구나.

셰에라자드 그동안 내가 잘못했소.

왕이시여, 감사합니다.

이제 아무도 죽지 않아도 되는구나.

셰에라자드

1001일간 왕에게 이야기를 들려줌

셰에라자드와 사랑에 빠짐

샤리야르 왕

첫날밤을 보내고 여인을 처형하는 법을 폐지함

왕을 설득해 죽을 뻔한 여인들을 구함

백성들이 다시 왕을 사랑하게 됨

샤리야르 왕 만세!

셰에라자드 만세!

우리 딸이 해냈구나!

재상

온 나라 백성

? 셰에라자드는 왕에게 얼마나 오랫동안 이야기를 해 주었을까요?

1 이야기와 만나는 문장 쓰기 다음 문장을 빈칸에 따라 써 보세요.

"	내	일		밤	에	는		그	대	가		또		어	떤		이	야
기	를		들	려	줄	지		기	대	되	는	군	.		"			

2 이해하는 문장 쓰기 샤리야르 왕은 오랜 시간 셰에라자드를 보며 어떤 마음이 들었나요?

샤리야르 왕은   다.

3 생각을 발견하는 문장 쓰기 샤리야르 왕은 셰에라자드 덕분에 자신의 어떤 점을 반성하게 되었나요?

샤리야르 왕은   다.

4 상상하는 문장 쓰기 여러분이 셰에라자드라면 샤리야르 왕이 잘못을 깨닫고 고백했을 때 어떻게 했을까요?

내가 셰에라자드라면   다.

모아쓰기 위에서 답으로 쓴 네 문장을 연결해서 써 보세요. 하나의 근사한 글이 될 거예요.

무슨 이야기를 하고 있나요?

앗! 다들 무슨 이야기를 하려는 건지 모르겠어요.
사다리를 타고 내려가서 인물의 대사를 완성해 볼까요?

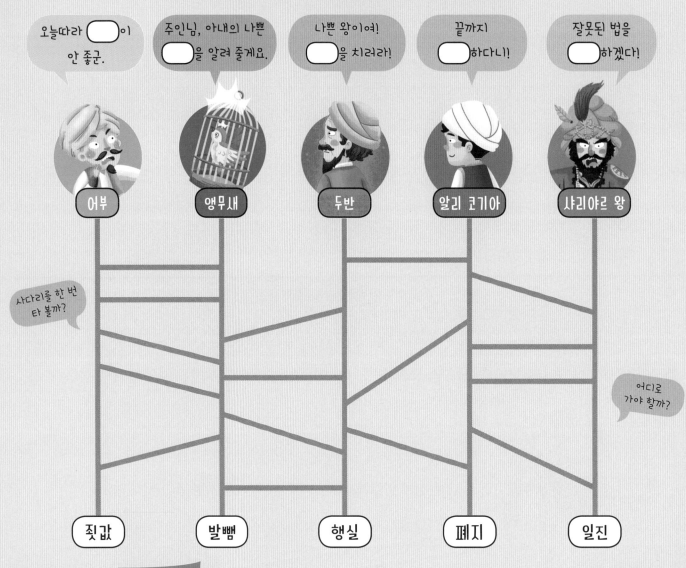

단어 뜻풀이

죗값 지은 죄에 알맞게 치르는 대가
발뺌 자기와 관계있는 일에 책임을 지지 않으려고 모른 척하며 빠지는 행동이나 말
행실 실제로 드러나는 행동
폐지 그때까지 실제로 해 오던 제도나 법, 관습, 일, 조직 따위를 그만두거나 없애는 일
일진 그날의 운세

▶ 가이드북 56쪽에 정답

책을 좋아하는 아이도 **글쓰기**는 **연습**이 필요하다

하루 한 문단 쓰기

휘리릭

초등
4문장
글쓰기

유시나 지음

아라비안나이트 편

알라딘, 알리바바, 신드바드의
원작으로 훈련하는
1 필사 + 3 중심문장 만들기 시스템

정답 및 가이드북

동양북스

하루 한 문단 쓰기

휘리릭

초등
4문장
글쓰기

아라비안나이트 편

유시나 지음

차례

이렇게 활용하세요!

《휘리릭 초등 4문장 글쓰기 아라비안나이트 편》은 '책을 좋아하는 아이도 글쓰기는 연습이 필요하다'는 취지에서 만들어진 《휘리릭 초등 4문장 글쓰기》 시리즈의 네 번째 책입니다.

글쓰기를 어려워하는 아이들에게 글감을 제공하고 자신이 직접 4문장을 써서 1문단을 완성할 수 있게 돕는 《휘리릭 초등 4문장 글쓰기》 시리즈의 앞선 책들처럼 이번 '아라비안나이트 편' 역시 아이들이 흥미롭게 읽고 자연스럽게 자신의 글쓰기에 접목할 수 있도록 구성되었습니다.

특히 이번 '아라비안나이트 편'은 아랍 지역의 대표적인 고전 문학 《아라비안나이트》에서도 동서고금을 막론하고 유명하고 널리 사랑받는 이야기를 중심으로 가려 뽑았습니다. 그러나 《아라비안나이트》의 원전은 본래가 아동 문학이 아니므로 다소 잔인하고 외설적인 묘사가 많은 편입니다. 또한 현대적인 관점에서 납득하기 어려운 관념들도 존재하지요. 따라서 아이들이 읽기에 부적합한 내용을 삭제하거나 전체적인 맥락에서 벗어나지 않는 선에서 아이들의 눈높이에 맞춰 대대적으로 각색을 할 수밖에 없었습니다. 중요한 것은 원전의 내용 그 자체가 아니라 현대에도 여전히 유효한 《아라비안나이트》의 스토리텔링이기 때문입니다.

그리하여 이번 '아라비안나이트 편'에서는 아이들이 쉽고 재미있게 읽을 수 있는 동화로 각색하고, 동화의 내용에 입각한 4가지 질문으로 아이들이 1문장씩 총 4문장을 써 보고, 한 문단으로 모아서 완성할 수 있게 구성했습니다. 이러한 읽고 쓰는 과정을 통해 아이들은 이해하고, 생각하고, 표현하는 단계별 학습을 수행할 수 있습니다.

당연히 처음에는 서투르고 부족할 수 있습니다. 중요한 것은 아이가 스스로 생각하고 글로 쓰는 활동을 어려워하지 않고 재미를 느낄 수 있게 하는 것입니다.

글쓰기는 결코 하루아침에 이루어질 수 없습니다. 날마다 습관처럼 꾸준한 훈련을 통해 차곡차곡 성취해 나가야 합니다. 또한, 글쓰기에 익숙해질수록 표현력과 창의력도 자라나서 더 좋은 글을 쓸 수 있습니다.

따라서 〈부모님과 선생님을 위한 가이드북〉은 아이들의 읽기와 쓰기 학습을 위한 지침 정도로 여겨 주시기를 부탁드립니다. 어디까지나 참고용일 뿐이지 아이들의 생각을 제한하거나 교정하는 데 쓰이기를 바라지 않기 때문입니다.

〈부모님과 선생님을 위한 가이드북〉은 가이드의 방향을 알려주는 '가이드 Tip', 본문을 읽기 전 대화를 나눌 수 있는 질문으로 구성된 '읽기 전 생각해 볼 것들', 본문의 주요 문장 따라 쓰기를 시작으로 4개의 문장을 만드는 '참고하세요'의 예시 답안, 작성된 답안과 추가적인 정보를 보면서 이야기를 나누기 위한 '가이드의 읽을거리'로 구성되었습니다.

다음은 아이가 스스로 작은 성취를 이룰 수 있도록 응원하고 격려하기 위한 〈부모님과 선생님을 위한 가이드북〉 활용 원칙입니다. 최소한의 원칙에 따라 아이에게 글쓰기 자신감을 심어 주고 더 좋은 글을 자유롭게 많이 쓸 수 있도록 칭찬을 통한 동기 부여를 적극적으로 해 주세요.

〈부모님과 선생님을 위한 가이드북〉 활용 원칙

1 맞춤법에 연연하지 않습니다.

글쓰기를 막 시작하거나 어려워하는 아이들은 맞춤법에 자신이 없는 경우가 많습니다. 맞춤법을 좀 틀린다고 해도 괜찮습니다. 지금 아이에게 필요한 것은 글쓰기를 어려워하지 않는 자신감이니까요. 아이가 맞춤법을 틀릴까 봐 지레 겁먹고 글쓰기를 망설이거나 막막해하지 않도록 스스로 생각을 글로 쓰는 자체를 칭찬하고 격려해 주세요.

2 질문을 주고받으며 상상력을 키워 나갈 수 있도록 돕습니다.

아이에게 다양한 각도에서 여러 질문을 하고 아이가 어떤 대답을 하는지 귀 기울여 주세요. 이때 꼭 정답으로 유도할 필요는 없습니다. 상상력과 창의력은 규격 밖의 엉뚱한 생각에서 터져 나오는 법이니까요. 아이에게도 스스로 질문할 기회를 주시고 함께 이야기를 나누어 보세요. 이처럼 문답을 활용한 대화를 통해 아이가 자유롭고 역동적인 상상력을 키워 나갈 수 있도록 도와주세요.

3 예시 답안을 정답처럼 여기지 않습니다.

예시 답안은 모범 답안이나 정답이 아닙니다. 예시 답안을 기준으로 삼을 필요도 없습니다. 그저 수많은 답 가운데 한 가지 예로만 예시 답안을 참고해 주시면 됩니다.

4 가이드의 읽을거리를 활용하여 배경지식을 넓혀 줍니다.

글과 관련된 배경지식은 글을 좀 더 깊이 있고 폭넓게 이해할 수 있도록 도와줍니다. 《휘리릭 초등 4문장 글쓰기》의 가이드에서는 편마다 가이드의 읽을거리를 따로 구성하여 원작 및 해당 본문, 관련하여 파생되는 지식 등 다양한 배경지식을 수록해 놓았습니다. 가이드의 읽을거리를 활용하여 아이들의 흥미를 돋우고 아이들이 재미있게 추가적인 지식을 쌓을 수 있도록 지도해 주세요.

샤리야르 왕과 셰에라자드

옛날 페르시아에 용맹하고 지혜로운 샤리야르 왕이 있었어요. 샤리야르 왕에게는 샤스난이라는 남동생이 있었는데요. 두 사람은 십 년이나 떨어져 지내느라 서로 만나지 못했답니다.

"나라 안팎을 다스리느라 바빠서 동생을 오랫동안 보지 못했구나. 그동안 어떻게 지냈을까? 동생이 너무 보고 싶다. 대신을 보내서 동생을 초대해야겠어."

샤리야르 왕의 명을 받은 대신은 그길로 샤스난을 찾아가 모셔왔지요. 그런데 이게 웬일이에요? 십 년 만에 보는 샤스난은 얼굴이 몹시 어두웠어요.

"사랑하는 동생아, 얼굴이 매우 안 좋구나. 무슨 걱정이라도 있느냐?"

"사랑하는 형님, 아무것도 아닙니다. 신경 쓰지 마세요."

샤리야르가 아무리 물어봐도 샤스난은 입을 꾹 다물 뿐이었지요. 그럴수록 샤리야르 왕의 걱정은 커져만 갔어요. 그런데 며칠 뒤, 샤스난은 갑자기 얼굴 표정이 확 밝아졌어요. 샤리야르 왕은 깜짝 놀라 샤스난에게 물었어요.

"동생아, 네 표정이 밝아져서 정말 기쁘구나. 네게 무슨 일이 일어난 것이냐?"

샤스난은 말할 수 없다며 고개를 절레절레 저었어요. 하지만 샤리야르가 포기하지 않고 끈질기게 물어봤지요. 결국 샤스난이 한숨을 푹 내쉬며 사실대로 털어놓았답니다.

"사실은 제 왕비가 저를 배신했습니다. 그래서 매우 고통스러웠는데 우연히 형수님이 형님을 해칠 음모를 꾸미는 것을 보았습니다."

"뭐라고?"

"그 순간 깨달았습니다. 왕비의 배신이 제게만 일어난 불행이 아니란 걸요. 여자란 원래 믿을 수 없는 존재라고 생각하니 제 마음이 편해졌습니다."

샤스난의 이야기에 샤리야르 왕은 큰 충격을 받았어요. 당장 왕비와 배신자들을 잡아다 처형했지만 샤리야르 왕은 전혀 화가 풀리지 않았어요.

"내가 어리석었다. 처음부터 여자를 믿지 않았다면 배신당할 일도 없었겠지. 이제 다시는 어떤 여자도 믿지 않겠노라."

샤리야르 왕은 동생 샤스난이 떠나자마자 무시무시한 법을 만들었어요.

"앞으로 왕과 결혼하는 신부는 첫날밤을 지내고 난 다음 날 아침에 사형에 처한다."

정말 샤리야르 왕은 날마다 새로운 신부를 맞이했고 그다음 날 아침이 되면 신부를 사형대로 보냈어요. 그렇게 불쌍한 신부가 죽임당할 때마다 딸을 잃은 부모의 울음소리가 온 나라에 퍼졌지요.

"아, 도대체 언제까지 죄 없는 아가씨들이 목숨을 잃어야 할까?"

샤리야르 왕을 모시는 재상도 가엾은 신부들의 죽음에 마음 아파했어요. 그때 재상의 첫째 딸 셰에라자드가 말했어요.

"아버지, 부탁이 있어요. 저를 왕의 새 신부로 데려가 주세요."

"절대로 안 된다! 내 손으로 널 죽이라는 말이냐?"

재상은 펄쩍펄쩍 뛰며 반대했어요. 하지만 셰에라자드도 물러서지 않았지요.

"제가 반드시 이 끔찍하고 잔인한 비극을 끝낼게요. 절 믿어 주세요."

"안 될 말이야! 스스로 죽음의 길로 가지 마라. 제 꾀에 제가 넘어간 당나귀처럼!"

인물관계도 예시 답안
먼저 신부를 죽이면 신부에게 배신당할 일이 없을 것이라고 생각했기 때문입니다.

답변으로 나올 수 있는 4개의 문장은 샤리아르 왕과 셰에라자드의 관계가 시작된 계기를 찾고 이에 따른 셰에라자드의 행동을 이해할 수 있게 구성되었습니다.

> ① 핵심 사건의 계기가 되는 문장 따라 쓰기 → ② 인물의 행동 파악하기 → ③ 인물의 말을 떠올리고 그렇게 말한 이유 찾기 → ④ 자신이 셰에라자드라면 어떻게 할지 상상하여 쓰기

를 통해 이야기의 핵심 사건에 대한 자신의 생각을 밝히는 과정을 학습할 수 있도록 이끌어 주세요.

읽기 전 생각해 볼 것들

동화를 읽기 전 아이와 함께 제목, 삽화, 표시된 문장 등을 보면서 어떤 내용이 펼쳐질지 유추해 보세요.

1. 삽화를 보고 지금 어떠한 상황인지 유추해 볼까요?

2. 제목과 삽화를 보고 어떤 이야기가 펼쳐질지 미리 상상해 볼까요?

3. 동화 속 보라색 글씨를 보고 삽화 속 여인들이 누구인지 유추해 볼까요?

✏️ 참고하세요 본책 p.15 정답 예시

1 이야기와 만나는 문장 쓰기 핵심 사건의 계기가 되는 샤리아르 왕의 말을 따라 써 봅시다. (왼쪽 보라색 문장 따라 쓰기)

2 이해하는 문장 쓰기 셰에라자드가 아버지인 재상에게 어떤 부탁을 했는지 확인합니다.

예시 셰에라자드는 아버지께 자신을 왕의 신부로 데려가 달라고 부탁했습니다.

3 생각을 발견하는 문장 쓰기 셰에라자드가 아버지인 재상에게 했던 말을 찾고 왜 그렇게 말했는지 이유를 생각해 봅니다.

예시1 셰에라자드는 자신이 신부들의 죽음을 멈추게 할 수 있다고 생각했기 때문입니다.
예시2 셰에라자드는 자신이 끔찍하고 잔인한 비극을 끝내야 한다고 믿었기 때문입니다.

4 상상하는 문장 쓰기 샤리아르 왕이 만든 법을 떠올리며 자신이 셰에라자드라면 어떻게 했을지 자유롭게 상상해 봅니다.

예시1 내가 셰에라자드라면 사람들과 힘을 합쳐 왕이 신부 없이 혼자 살게 하겠습니다.
예시2 내가 셰에라자드라면 내 차례가 되기 전에 외국으로 도망치겠습니다.

▶ 모아쓰기 네 개의 문장을 이어서 하나의 문단을 완성합니다. 문장이 매끄럽게 연결되도록 적절한 접속어를 활용하게 도와주세요.

예시1 "앞으로 왕과 결혼하는 신부는 첫날밤을 지내고 난 다음 날 아침에 사형에 처한다."
셰에라자드는 아버지께 자신을 왕의 신부로 데려가 달라고 부탁했습니다. (왜냐하면) 셰에라자드는 자신이 신부들의 죽음을 멈추게 할 수 있다고 생각했기 때문입니다. 내가 셰에라자드라면 사람들과 힘을 합쳐 왕이 신부 없이 혼자 살게 하겠습니다.

예시2 "앞으로 왕과 결혼하는 신부는 첫날밤을 지내고 난 다음 날 아침에 사형에 처한다."
셰에라자드는 아버지께 자신을 왕의 신부로 데려가 달라고 부탁했습니다. (왜냐하면) 셰에라자드는 자신이 끔찍하고 잔인한 비극을 끝내야 한다고 믿었기 때문입니다. 내가 셰에라자드라면 내 차례가 되기 전에 외국으로 도망치겠습니다.

가이드의 읽을거리 ● 아라비아 설화 문학의 최고봉으로 손꼽히는 《아라비안나이트》는 지금까지도 전 세계 사람들에게 사랑받는 이야기랍니다. 천 일 하고도 하루의 밤 동안 이어진 이야기라는 뜻에서 《천일야화(千一夜話)》라고도 불리지요. 아랍 지역에서 오랫동안 사람들의 입으로 전해지던 설화를 모은 《아라비안나이트》는 원래 무려 280여 편이나 되는 이야기로 구성되어 있습니다. 이야기 무대가 아랍 지역에 국한되지 않고 인도와 중국 등지를 포함하며, 인도의 설화를 비롯해 이집트ㆍ이라크ㆍ시리아ㆍ이란ㆍ아라비아 등지에서 유입된 설화의 영향을 받아 다채롭고 흥미로운 내용을 풍성하게 담고 있는 것이 특징입니다. 《아라비안나이트》의 원형은 6세기 무렵의 페르시아 사산 왕조에서 모은 《천 가지 이야기》라고 하지요. 그 뒤로 세월이 흐르면서 다양한 이야기가 계속 추가되고 발전했습니다. 그러다 15세기경에 이르러서 오늘날과 같은 형태의 《아라비안나이트》가 완성되었다고 합니다.

당나귀와 황소

"얘야, 나는 네가 스스로 제 무덤을 판 당나귀처럼 되지 않기를 바란단다."

재상은 목숨 걸고 왕의 신부가 되겠다는 셰에라자드의 결심을 바꾸려고 애썼어요. 그래서 당나귀와 황소 이야기를 시작했답니다.

어느 마을에 신통한 재주를 지닌 상인이 살았어. 어떤 재주냐고? 바로 동물들이 하는 말을 알아듣는 능력이었단다. 하지만 상인에게 이런 능력이 있다는 사실은 아무도 모르는 비밀이었어. 왜냐하면 동물들이 하는 말을 듣고 다른 사람에게 옮겼다가는 그날로 목숨을 잃게 되기 때문이었지. 하루는 상인이 외양간 옆에 앉아 있다가 황소와 당나귀가 하는 이야기를 듣게 되었어.

"휴, 넌 좋겠다. 가끔 주인님이 나들이 갈 때만 주인님을 실어 나르면 되잖아. 난 날마다 아침 일찍 끌려 나가서 온종일 밭을 갈아야 하는데……."

황소가 하소연을 하자 당나귀가 혀를 끌끌 찼지.

"넌 정말 바보야. 네가 사람들이 시키는 대로 순순히 따르니까 힘들게 일만 하지. 지금부터는 내 말대로 해. 사람들이 널 데려가려고 하면 딱 버티고 서서 뿔로 받아 버려. 발로 땅을 구르고 소리를 지르면서 반항해. 사람들이 먹이를 주면 냄새만 맡고 절대로 먹지 마. 그러면 사람들이 널 다르게 대접할 거야."

"역시 넌 대단해. 알았어! 앞으로는 그렇게 할게."

그날부터 황소는 일꾼이 와서 데려가려고 하면 네 발에 힘을 주고 버텼어. 콧김을 쉭쉭거리며 금방이라도 뿔로 받을 듯 위협했지. 먹이를 줘도 냄새만 킁킁 맡고 고개를 획 돌려 버렸단다. 그러자 일꾼은 얼른 상인에게 가서 얘기했어.

"황소가 먹이를 입에도 대지 않는 걸 보니 아무래도 큰 병에 걸렸나 봅니다."

하지만 상인은 이미 외양간 옆에서 황소와 당나귀가 어떤 이야기를 나누었는지 들어서 알고 있잖아?

'오호라, 황소가 당나귀의 말대로 아픈 척을 하는군.

그렇다면…….'

상인은 짐짓 모르는 체하고 일꾼에게 명령했어.

"아픈 황소를 쉬게 하는 대신 당나귀를 끌고 나가 일을 시켜라. 온종일 쟁기를 메고 밭을 갈게 하되, 순순히 말을 듣지 않으면 혼쭐내 줘라."

일꾼은 상인이 말한 대로 당나귀에게 쟁기질을 시켰어. 당나귀는 아침 일찍 나가서 밤늦게까지 밭을 갈고 돌아왔지. 그동안 황소는 외양간에서 잘 먹고 잘 쉬었단다.

"당나귀야, 네 말대로 하니까 진짜 좋아."

하지만 당나귀는 너무 지쳐서 대꾸할 힘도 없었어. 먹이를 먹기는커녕 기절하듯 잠들어 버렸어. 아마 당나귀는 이렇게 생각했겠지.

'내가 괜히 나서지 않았다면 이 고생을 하지 않았을 텐데!'

말을 마친 재상은 셰에라자드에게 물었어요.

"그래도 너는 여전히 왕의 신부가 되겠다고 고집부리겠느냐?"

셰에라자드는 여전히 단호한 목소리로 대답했어요.

"아버지, 전 괜찮아요. 제 결심은 변하지 않아요."

셰에라자드가 한사코 고집을 꺾지 않자 재상이 한숨을 푹 쉬었어요.

"알았다. 네 뜻대로 하자꾸나. 너를 왕의 신부로 데려가마."

인물관계도 예시 답안

상인은 동물들의 말을 알아듣는 재주가 있었습니다.

답변으로 나올 수 있는 4개의 문장은 당나귀와 황소의 처지가 뒤바뀌게
된 사건을 순서대로 따라가고, 이를 토대로 자기 생각을 밝힐 수 있도록
구성되었습니다.

> ① 사건의 관건이 되는 문장 따라 쓰기 → ② 인물의 말에서 사건과
> 관련한 내용 찾기 → ③ 인물의 말에 숨은 이유 찾기 → ④ 자신이
> 황소의 말을 들은 당나귀라면 어떻게 할지 상상하여 쓰기

를 통해 이야기의 흐름을 자연스럽게 파악하고 자신만의 답을 떠올릴 수
있도록 지도해 주세요.

1. 제목과 삽화를 보고 어떤 이야기가
   펼쳐질지 생각해 볼까요?

2. 동화 속 보라색 글씨를 보고 황소에게
   무슨 일이 일어났을지 상상해 볼까요?

3. 삽화를 보고 황소와 당나귀는 서로 어떤
   상황일지 유추해 볼까요?

◆ **참고하세요** 본책 p.19 정답 예시

1 이야기와 만나는 문장 쓰기 본문의 핵심 대화문을 따라 써 봅니다. (왼쪽 보라색 문장 따라 쓰기)

2 이해하는 문장 쓰기 상인이 일꾼의 말을 듣고 어떻게 반응했는지 확인합니다.

예시 상인은 일꾼에게 황소 대신 당나귀를 끌고 나가 일을 시키라고 말했습니다.

3 생각을 발견하는 문장 쓰기 상인이 황소 대신 당나귀에게 일을 시키라고 한 이유가 무엇인지 파악합니다.

예시1 상인은 당나귀가 황소에게 아픈 척하라고 시킨 것을 알고 있었기 때문입니다.
예시2 상인은 황소에게 열심히 일하지 말라고 말한 당나귀가 괘씸했기 때문입니다.

4 상상하는 문장 쓰기 자신이 당나귀였다면 힘들다고 하소연하는 황소에게 어떻게 했을지 상상해 봅니다.

예시1 내가 당나귀였다면 남의 일에 함부로 참견하지 않았을 것입니다.
예시2 내가 당나귀였다면 황소의 이야기를 들어 주고 위로해 주었을 것입니다.

● **모아쓰기** 네 개의 문장을 이어서 하나의 문단을 완성합니다. 문장이 매끄럽게 연결되도록 적절한 접속어를 활용하게 도와주세요.

예시1 "황소가 먹이를 입에도 대지 않는 걸 보니 아무래도 큰 병에 걸렸나 봅니다."
상인은 일꾼에게 황소 대신 당나귀를 끌고 나가 일을 시키라고 말했습니다. (왜냐하면) 상인은 당나귀가 황소에게 아픈 척
하라고 시킨 것을 알고 있었기 때문입니다. 내가 당나귀였다면 남의 일에 함부로 참견하지 않았을 것입니다.

예시2 "황소가 먹이를 입에도 대지 않는 걸 보니 아무래도 큰 병에 걸렸나 봅니다."
상인은 일꾼에게 황소 대신 당나귀를 끌고 나가 일을 시키라고 말했습니다. (왜냐하면) 상인은 황소에게 열심히 일하지 말
라고 말한 당나귀가 괘씸했기 때문입니다. 내가 당나귀였다면 황소의 이야기를 들어 주고 위로해 주었을 것입니다.

가이드의 읽을거리 ● 원작에서는 이다음 이야기가 더 이어져 있습니다. 황소 대신 힘들게 일하게 된 당나귀는 꾀를 내어 황소에게
겁을 주지요. 상인이 일꾼에게 말하기를 황소가 먹고 놀기만 하고 일을 하지 않으니 잡아 죽여야겠다고 했다고요. 당나귀의 이야기
를 들은 황소는 놀라고 무서워서 구슬프게 울었답니다. 본문의 동화와 원작의 뒷이야기를 참고하여 당나귀의 행동에 대해 아이와
이야기를 나누어 보세요. 섣불리 잘난 척하다가 스스로 제 무덤을 판 행동과 거짓말로 힘든 처지를 벗어나려는 행동을 어떻게 생각
하는지, 그리고 당나귀가 진심으로 황소를 돕고 조언해 주려고 했다면 어떻게 해야 했을지 자유롭게 자신의 생각을 이야기할 수 있
게 독려해 주세요.
또한 인물관계도를 보며 꼬리의 꼬리를 무는 《아라비안나이트》의 독특한 액자식 구성에 대해서도 이야기 나누어 보세요. 이어지는
이야기는 모두 셰에라자드가 샤리아르 왕에게 들려주는 이야기들이니까요.

상인과 지니 요정

셰에라자드는 재상인 아버지를 따라 왕궁으로 갔어요. 그리고 샤리야르 왕의 신부가 되어 왕과 함께 하룻밤을 보냈답니다. 이대로 날이 밝는다면 셰에라자드 역시 사형대로 끌려갈 운명이었지요. 그런데 아직 동이 트기 전, 갑자기 셰에라자드가 간절히 부탁하지 뭐예요.

"왕이시여, 제가 마지막으로 동생에게 이야기를 들려줄 수 있도록 허락해 주세요."

왕이 승낙하자 셰에라자드는 여동생 디나르자드를 불러 이야기를 시작했어요.

옛날에 부유한 상인이 여행을 떠났어. 나흘째 되던 날, 상인은 호숫가에서 밥을 먹다가 무심코 돌을 집어 던졌는데 갑자기 어마어마하게 큰 지니 요정이 나타났지.

"내 아들을 죽인 놈이 너로구나? 내 당장 너를 죽여 버리겠다!"

"억울합니다! 전 여기서 밥만 먹었을 뿐이에요."

"네가 밥을 먹으면서 던진 돌에 내 아들이 맞아 죽었다. 그러니 나도 반드시 널 죽여야겠어!"

그제야 깜짝 놀란 상인이 납작 엎드려 싹싹 빌기 시작했어.

"아이고, 죄송합니다. 모르고 저지른 실수이니 부디 용서해 주세요."

"안 돼. 내 아들을 죽였으니 너도 죽어라!"

지니 요정은 불같이 화를 내며 칼을 들어 상인의 목을 치려고 했지. 절체절명의 순간, 상인이 다급하게 외쳤어.

"잠깐만요! 집에 가서 아내와 아이들에게 재산을 나눠 주고 작별 인사를 할 수 있게 1년만 기다려 주세요. 내년 이날에 반드시 돌아올게요! 맹세하겠습니다."

"좋다. 1년 뒤 이곳에서 네 목숨을 거둬 가겠다."

지니 요정은 말을 마치고 홀연히 사라졌어. 곧바로 집으로 돌아간 상인은 가족과 함께 1년을 보냈지. 그리고 약속한 날짜가 되자 다시 지니 요정을 만나러 돌아왔어. 호숫가에 혼자 오도카니 앉아 있는데 웬 할아버지가 암사슴을 끌고 다가왔단다. 곧 다른 할아버지가 검은 개 두 마리를 데리고 나타났어.

"이보시게, 왜 그렇게 슬픈 얼굴로 혼자 앉아 있는 것인가?"

상인은 할아버지들에게 지니 요정을 만났던 일을 조곤조곤 이야기했어.

"어이구 이런! 정말 안타깝구먼. 여기서 자네가 지니 요정을 만나는 순간을 함께 지켜보겠네."

잠시 뒤, 짙은 연기가 뭉게뭉게 일어나더니 지니 요정이 짠! 지니 요정은 대뜸 상인에게 칼을 들이대며 외쳤어.

"내 아들의 원수! 오늘 내 손으로 네 목숨을 거두겠노라."

바로 그때였어. 암사슴을 끌고 온 할아버지가 지니 요정 앞에 납작 엎드렸지.

"지니 요정님, 잠시만 저와 제 암사슴 이야기를 들어주십시오. 제 이야기가 흥미롭다면 저 남자의 죄를 반만 용서해 주십시오."

셰에라자드는 여기까지 이야기하고 멈추었어요. 그 사이 아침이 밝았거든요. 하지만 함께 듣고 있던 샤리야르 왕은 뒷이야기가 너무 궁금해서 차마 셰에라자드를 처형할 수 없었어요.

"오늘은 일단 그대를 살려 줄 테니 이따 밤에 뒷이야기를 마저 들려주시오."

가족들에게 재산을 나누어 주고 작별 인사를 할 시간이 필요했습니다.

답변으로 나올 수 있는 4개의 문장은 셰에라자드가 자신을 처형하려는 샤리야르 왕을 어떻게 막을 수 있었는지를 인과관계에 따라 파악할 수 있게 구성되었습니다.

> ① 핵심 내용이 되는 문장 따라 쓰기 → ② 인물의 행동 파악하기 →
> ③ 인물이 한 행동의 이유 찾기 → ④ 자신이 셰에라자드라면 어떻게 할지 상상하여 쓰기

를 통해 이야기 속 인물이 하는 말과 행동의 이유를 이해하고 자신에게 적용해 볼 수 있게 도와주세요.

읽기 전 생각해 볼 것들

동화를 읽기 전 아이와 함께 제목, 삽화, 표시된 문장 등을 보면서 어떤 내용이 펼쳐질지 유추해 보세요.

1. 제목과 삽화를 보고 어떤 이야기가 펼쳐질지 유추해 볼까요?
2. 삽화 속 지니 요정은 왜 잔뜩 화가 난 표정일지 생각해 볼까요?
3. 삽화에 등장하는 인물들과 동물은 어떤 관계일지 상상해 볼까요?

✏️ **참고하세요** 본책 p.23 정답 예시

1 이야기와 만나는 문장 쓰기 이야기의 핵심이 되는 셰에라자드의 말을 따라 써 봅니다. (왼쪽 보라색 문장 따라 쓰기)

2 이해하는 문장 쓰기 날이 밝자 이야기를 도중에 멈춘 셰에라자드에게 샤리야르 왕이 어떻게 반응했는지 확인합니다.

예시 샤리야르 왕은 셰에라자드를 처형하지 않고 밤이 되면 다시 뒷이야기를 해 달라고 했습니다.

3 생각을 발견하는 문장 쓰기 샤리야르 왕이 셰에라자드에게 한 말과 행동을 통해 그 이유를 파악합니다.

예시 1 샤리야르 왕은 셰에라자드가 죽으면 이야기의 뒷부분을 들을 수 없기 때문입니다.

예시 2 샤리야르 왕은 이야기의 뒷부분이 너무 궁금해서 끝까지 듣고 싶었기 때문입니다.

4 상상하는 문장 쓰기 자신이 셰에라자드라면 이야기가 궁금해서 처형을 미룬 샤리야르 왕에게 어떻게 반응할지 상상해 봅니다.

예시 1 내가 셰에라자드라면 모든 것이 계획대로 되고 있다고 안심했을 것입니다.

예시 2 내가 셰에라자드라면 날 죽이지 않는 조건으로 이야기를 계속하겠다고 말하겠습니다.

모아쓰기 네 개의 문장을 이어서 하나의 문단을 완성합니다. 문장이 매끄럽게 연결되도록 적절한 접속어를 활용하게 도와주세요.

예시 1 "왕이시여, 제가 마지막으로 동생에게 이야기를 들려줄 수 있도록 허락해 주세요."
샤리야르 왕은 셰에라자드를 처형하지 않고 밤이 되면 다시 뒷이야기를 해 달라고 했습니다. (왜냐하면) 샤리야르 왕은 셰에라자드가 죽으면 이야기 뒷부분을 들을 수 없기 때문입니다. 내가 셰에라자드라면 모든 것이 계획대로 되고 있다고 안심했을 것입니다.

예시 2 "왕이시여, 제가 마지막으로 동생에게 이야기를 들려줄 수 있도록 허락해 주세요."
샤리야르 왕은 셰에라자드를 처형하지 않고 밤이 되면 다시 뒷이야기를 해 달라고 했습니다. (왜냐하면) 샤리야르 왕은 이야기의 뒷부분이 너무 궁금해서 끝까지 듣고 싶었기 때문입니다. 내가 셰에라자드라면 날 죽이지 않는 조건으로 이야기를 계속하겠다고 말하겠습니다.

가이드의 읽을거리 ● 《아라비안나이트》에는 지니 요정이 자주 등장합니다. 특히 우리에게는 〈알라딘과 요술 램프〉에 나오는 지니 요정이 잘 알려져 있습니다. 대부분 〈알라딘과 요술 램프〉에서 나온 램프 요정의 이름 자체가 '지니'라고 알고 있는데요. 사실 지니는 특정 요정의 이름을 가리키는 것이 아닙니다. 아랍 문화권에서 전승되는 초월적 존재를 가리키는 것이라고 해요. 보통 마신, 정령, 요정, 영귀(신령스럽거나 괴이한 귀신), 요령(요사스러운 귀신) 등으로 번역됩니다. 혹은 한국의 도깨비처럼 아랍 지역의 귀신 및 요괴를 모두 일컫는 말이라고 보기도 한답니다. 따라서 이번 '상인과 지니 요정' 편에 등장하는 지니 요정은 〈알라딘과 요술 램프〉에 등장하는 램프의 요정과는 아무 상관이 없는 셈이지요. 아이들에게 이번 이야기의 지니는 '호숫가에 살고 있는' 다른 요정일 뿐이라는 새로운 사실을 설명해 주세요.

첫 번째 할아버지와 암사슴

다시 어두운 밤이 되자 셰에라자드는 전날 밤에 멈추었던 이야기를 이어서 들려주기 시작했어요.

"첫 번째 할아버지는 암사슴을 가리키며 자기 아내라고 말했지요."

저와 제 아내는 오래도록 아이가 없었습니다. 저는 아이를 너무 갖고 싶은 마음에 노예의 자식을 양아들로 삼았습니다. 그때만 해도 저는 제 아내가 노예와 그 아들을 몹시 질투하고 미워하는 줄은 정말 꿈에도 몰랐습니다. 아내는 제가 여행을 떠난 사이에 아들과 노예에게 마법을 걸었습니다. 아들은 송아지, 노예는 암소로 만들어서 농부에게 보냈답니다. 제가 집에 돌아와서 두 사람의 행방을 묻자 아내는 시치미를 떼고 거짓말을 했지요. 노예는 이미 죽었고 아들은 집을 나간 지 한참 되었다고요. 아무것도 모르는 저는 한 치도 의심하지 않고 아들을 그리워하기만 했습니다.

그 뒤로 시간이 흘러 어느덧 축제일이 되었습니다. 농부가 제물로 쓸 암소를 데려왔는데요. 토실토실한 암소가 저를 보고 구슬프게 울지 않겠습니까? 어쩐지 마음이 아파서 그 암소 말고 다른 소를 제물로 바치려고 하자 아내가 펄쩍펄쩍 뛰었지요.

"무슨 소리예요? **당장 이 암소를 제물로 바쳐!**"

할 수 없이 농부를 시켜 암소를 죽이게 했습니다. 그런데 토실토실해 보였던 암소는 막상 가죽을 벗기자 뼈밖에 없었습니다. 도저히 제물로 바칠 수 없겠더라고요. 그래서 다른 소를 데려오게 했는데, 이번에는 농부가 통통한 송아지를 끌고 왔습니다.

"음매! 음매!"

송아지는 저를 보더니 숨넘어갈 듯 자지러지게 울었습니다. 눈물이 그렁그렁한 눈을 마주하자 아까 암소보다 더 마음이 아팠지요. 결국 저는 옆에서 바락바락 성을 내는 아내에게 다른 송아지를 제물로 바치겠다고 말했습니다.

문제는 그다음 날 벌어졌습니다. 농부의 딸이 저를 찾아와서 충격적인 사실을 알려 주었거든요. 아내가 노예를 소로, 아들을 송아지로 만들었다고요.

"이미 죽은 분을 되살릴 수는 없겠지만, 아드님은 원래의 모습으로 되돌릴 수 있습니다."

농부의 딸은 두 가지 조건을 내세웠습니다. 하나는 제 아들과의 결혼이었고, 다른 하나는 아내가 벌을 받는 것이었습니다. 저는 흔쾌히 고개를 끄덕였습니다. 그러자 농부의 딸이 뭔가를 중얼중얼 외우더니 송아지에게 물을 한 바가지 부었습니다. 놀랍게도 펑! 소리와 함께 송아지가 제 아들로 변했습니다!

"오, 신이시여. 제 아들을 되찾게 해 주셔서 감사합니다."

저는 눈물을 흘리며 아들을 와락 끌어안았습니다. 약속한 대로 농부의 딸이 제 아내를 암사슴으로 만들고, 제 아들과 결혼하게 허락해 줬지요. 그러고 몇 년이 흘러 아들은 아내를 잃고 여행을 떠났습니다. 저는 제 아내인 암사슴을 데리고 오랫동안 보지 못한 아들을 찾아 나선 것이지요. 이것이 저와 암사슴에 얽힌 이야기입니다.

첫 번째 할아버지가 이야기를 마치자 지니 요정이 고개를 끄덕끄덕했어요.

"과연 흥미로운 이야기로구나. 약속한 대로 이 남자의 죄를 반만 용서하겠다."

인물관계도 예시 답안

할아버지가 노예의 아들을 양아들로 삼아서 그들을 질투하고 미워했기 때문입니다.

답변으로 나올 수 있는 4개의 문장은 본문의 주요 내용을 파악하고 이에 대한 자신의 생각을 밝히는 과정으로 구성되었습니다.

> ① 이야기 전개에 핵심이 되는 대화문 따라 쓰기 → ② 인물이 한 말의 이유 이해하기 → ③ 인물의 생각 헤아려 보기 → ④ 자신이라면 어떻게 할지 상상하며 쓰기

를 통해 각 인물의 말과 행동의 이유를 정리하고 자신은 어떻게 생각하는지를 표현할 수 있도록 이끌어 주세요.

읽기 전 생각해 볼 것들

동화를 읽기 전 아이와 함께 제목, 삽화, 표시된 문장 등을 보면서 어떤 내용이 펼쳐질지 유추해 보세요.

1. 제목에 등장하는 할아버지와 암사슴은 어떤 관계일지 상상해 볼까요?

2. 제목과 삽화를 보고 어떤 이야기가 펼쳐질지 유추해 볼까요?

3. 삽화에 등장하는 암소와 송아지는 어떤 관계일지 생각해 볼까요?

✏️ **참고하세요** 본책 p.27 정답 예시

1 이야기와 만나는 문장 쓰기 | 이야기 전개에 핵심이 되는 할아버지 아내의 말을 따라 써 봅니다. (왼쪽 보라색 문장 따라 쓰기)

2 이해하는 문장 쓰기 | 할아버지의 아내가 암소와 송아지를 죽이라고 한 이유를 찾아봅니다.

예시 할아버지의 아내는 자기가 미워하는 노예와 아들이 죽기를 바랐습니다.

3 생각을 발견하는 문장 쓰기 | 할아버지가 송아지를 죽이지 않은 이유를 생각해 봅니다.

예시1 할아버지는 암소에 이어 송아지까지 억지로 죽이고 싶지 않았습니다.

예시2 할아버지는 울고 있는 송아지가 너무 불쌍해서 죽일 수 없었습니다.

4 상상하는 문장 쓰기 | 자신이 농부의 딸이라면 할아버지 아내의 마법을 보고 어떻게 할지 자유롭게 상상해 봅니다.

예시1 내가 농부의 딸이라면 할아버지의 아내를 설득해 마법을 풀어 주라고 하겠습니다.

예시2 내가 농부의 딸이라면 할아버지께 빨리 사실을 알려 두 사람을 모두 구하겠습니다.

모아쓰기 네 개의 문장을 이어서 하나의 문단을 완성합니다. 문장이 매끄럽게 연결되도록 적절한 접속어를 활용하게 도와주세요.

예시1 "당장 이 암소를 제물로 바쳐요!"
할아버지의 아내는 자기가 미워하는 노예와 아들이 죽기를 바랐습니다. (그러나) 할아버지는 암소에 이어 송아지까지 억지로 죽이고 싶지 않았습니다. 내가 농부의 딸이라면 할아버지의 아내를 설득해 마법을 풀어 주라고 하겠습니다.

예시2 "당장 이 암소를 제물로 바쳐요!"
할아버지의 아내는 자기가 미워하는 노예와 아들이 죽기를 바랐습니다. (그러나) 할아버지는 울고 있는 송아지가 너무 불쌍해서 죽일 수 없었습니다. 내가 농부의 딸이라면 할아버지께 빨리 사실을 알려 두 사람을 모두 구하겠습니다.

가이드의 읽을거리 ● 본문에 나오는 할아버지의 아내는 질투와 미움에 눈이 멀어 남편의 양아들과 그의 친엄마를 죽이려고 했습니다. 분명 아내의 행동은 잘못되었습니다만, 과연 오롯이 아내만의 잘못이라고 할 수 있을까요? 남편이 먼저 아내와 충분히 이야기하고 아내에게 이해와 동의를 구했다면 일어나지 않을 비극은 아니었을까요? 아내가 원하지 않았을 때 아내의 마음을 헤아리고 양아들을 들이지 않았다면 어땠을까요?

어쩌면 본문 속 비극적 결말은 아내의 뜻을 전혀 존중하지 않았던 남편의 결정이 불러온 참사일 수도 있습니다. 이처럼 같은 사건도 어떤 입장에서 생각해 보느냐에 따라 전혀 다르게 보일 수 있습니다. 아이와 함께 서로 다른 입장에서 생각해 보고 비극이 일어나지 않도록 하려면 어떻게 해야 할지 자유롭게 이야기를 나누어 보세요.

이번에는 두 번째 할아버지가 지니 요정 앞에 넙죽 엎드렸어요.

"지니 요정님, 저와 검은 개 두 마리에 관한 이야기도 들어 보시겠습니까? 만약 제 이야기가 마음에 드시면 저 남자의 나머지 죄를 용서해 주십시오."

저와 개 두 마리는 사실 형제입니다. 우리는 아버지께서 남겨 주신 유산으로 각각 장사를 시작했습니다. 다행히 저는 장사가 잘되었지만 형들은 1년 만에 망해서 꼼짝없이 무일푼으로 집에 돌아왔지요. 저는 형들에게 장사 밑천으로 돈을 나누어 주었는데요. 형들이 자꾸 외국으로 나가서 장사하자고 꼬드기지 않겠어요? 처음에는 거절했지만 형들이 계속 설득하는 바람에 두 손 두 발 들었습니다. 하지만 형들과 장사를 하려고 보니 형들은 이미 제가 준 돈을 몽땅 써 버린 상태였어요. 할 수 없이 저는 가진 돈의 절반은 집 모퉁이에 묻고 나머지 절반을 형들과 똑같이 나누어 가졌습니다. 그런 다음 형들과 함께 배에다 물건을 가득 싣고 떠났지요.

어느 항구에 도착한 우리 형제는 가져간 물건들로 장사를 시작했습니다. 운 좋게도 저는 물건들을 쏙쏙 잘 팔아서 꽤 많은 이윤을 남겼습니다. 그러다 우연히 한 여인을 만났는데요. 여인이 다짜고짜 제게 청혼을 하지 않겠습니까?

"저를 거부하지 마세요. 당신은 분명히 저와 결혼한 것을 잘했다고 생각하게 될 테니까요."

끝내 저는 여인의 설득에 넘어갔습니다. 여인과 결혼을 하고 함께 돌아오는 배에 올랐지요. 그런데 저보다 돈을 적게 번 형들이 시기와 질투에 눈이 멀었을 줄이야! 형들은 밤중에 저와 아내를 바닷속에 던져 버렸습니다. 만약 제 아내가 아니었다면 저는 꼼짝없이 죽었겠지요. 제 목숨을 살려 준 아내는 사실 요정이었습니다. 요정은 저를 바다에서 건져 주었을 뿐만 아니라 집까지 무사히 데려다주었습니다.

"선량한 당신을 살려서 다행이지만 당신의 형들은 잘못했으

니 벌을 받아야 해요!"

저는 화내는 요정에게 제발 참아 달라고 부탁했습니다. 어쨌거나 저와 피를 나눈 형제들이니까요. 요정과 헤어진 저는 이전에 묻어 두었던 돈을 꺼내서 제 가게로 갔습니다. 오랜만에 보는 이웃들과 반갑게 인사를 나누고 다시 집으로 왔는데요. 이게 웬일이랍니까? 요정이 검은 개 두 마리를 데리고 다시 나타났더군요.

"당신의 형들이에요. 앞으로 5년 동안 개로 살아야 하는 벌을 내렸답니다."

요정은 5년 뒤에 자기를 찾으라는 말을 남긴 채 사라졌습니다. 그 뒤로 시간이 흘러 형들이 개로 변한 지 5년이 다 되어 갑니다. 그래서 요정을 찾아 나선 길이랍니다. 어떠십니까? 저와 검은 개 두 마리에 얽힌 이야기가 재미있으셨나요?

"어떻게 되었나? 그래서 그 상인은 나머지 죄를 용서받는가?"

샤리야르 왕이 다급히 묻자 셰에라자드가 방긋 웃으며 뒷이야기를 들려주었어요.

"지니 요정은 크게 만족했습니다. 그래서 상인의 나머지 죄를 용서하고 연기처럼 스르륵 사라졌지요. 상인은 크게 기뻐하며 두 할아버지께 진심으로 감사 인사를 했고요. 그길로 집에 돌아와 가족들과 평생 행복하게 잘 살았답니다."

인물관계도 예시 답안

검은 개의 주인인 할아버지의 아내는 원래 요정이었습니다.

답변으로 나올 수 있는 4개의 문장은 인물의 행동 이유를 파악하고, 현재 자신이 겪을 수 있는 상황을 생각해 보는 과정으로 구성되었습니다.

> ① 이야기의 핵심이 되는 대화문 따라 쓰기 → ② 인물의 행동 파악하기 → ③ 주인공 행동의 이유 찾기 → ④ 자신이라면 어떻게 할지 상상하며 쓰기

를 통해 주인공의 행동과는 다른 자신만의 생각을 이끌어 낼 수 있도록 도와주세요.

읽기 전 생각해 볼 것들

동화를 읽기 전 아이와 함께 제목, 삽화, 표시된 문장 등을 보면서 어떤 내용이 펼쳐질지 유추해 보세요.

1. 제목에 등장하는 할아버지와 검은 개 두 마리는 어떤 관계일지 상상해 볼까요?
2. 삽화를 보고 어떤 상황일지 유추해 볼까요?
3. 동화 속 보라색 글씨는 삽화 속 인물 중 누구의 말일지 유추해 볼까요?

✎ 참고하세요 본책 p.31 정답 예시

1 이야기와 만나는 문장 쓰기 이야기의 핵심이 되는 할아버지 아내의 말을 따라 써 봅니다. (왼쪽 보라색 문장 따라 쓰기)

2 이해하는 문장 쓰기 할아버지의 형들이 할아버지와 아내에게 어떤 행동을 했는지 확인합니다.
예시 할아버지의 형들은 밤중에 할아버지와 아내를 바다에 던져 버렸습니다.

3 생각을 발견하는 문장 쓰기 할아버지는 자신에게 잘못한 두 형을 어떻게 생각하는지 파악합니다.
예시 1 할아버지는 형제니까 잘못해도 용서해야 한다고 생각했습니다.
예시 2 할아버지는 피를 나눈 형제니까 용서는 못해도 벌은 주지 않기로 했습니다.

4 상상하는 문장 쓰기 여러분이라면 자신에게 잘못한 사람에게 어떻게 할지 상상해 봅니다.
예시 1 나라면 나한테 잘못한 사람에게 빨리 사과하라고 말하겠습니다.
예시 2 나라면 잘못을 기억하고 있다가 똑같이 갚아 주겠습니다.

모아쓰기 네 개의 문장을 이어서 하나의 문단을 완성합니다.
예시 1 "선량한 당신을 살려서 다행이지만 당신의 형들은 잘못했으니 벌을 받아야 해요!"
할아버지의 형들은 밤중에 할아버지와 아내를 바다에 던져 버렸습니다. 할아버지는 형제니까 잘못해도 용서해야 한다고 생각했습니다. 나라면 나한테 잘못한 사람에게 빨리 사과하라고 말하겠습니다.

예시 2 "선량한 당신을 살려서 다행이지만 당신의 형들은 잘못했으니 벌을 받아야 해요!"
할아버지의 형들은 밤중에 할아버지와 아내를 바다에 던져 버렸습니다. 할아버지는 피를 나눈 형제니까 용서는 못해도 벌은 주지 않기로 했습니다. 나라면 잘못을 기억하고 있다가 똑같이 갚아 주겠습니다.

가이드의 읽을거리 ● 속담 가운데 '핑계 없는 무덤이 없다'는 말이 있습니다. 아무리 큰 잘못을 한 사람도 그 잘못을 할 수밖에 없었던 이유가 있고 자기 잘못을 변명할 수 있다는 뜻입니다. 본문에서는 주인공의 두 형이 나쁜 짓을 해서 벌을 받아 검은 개로 변했다고만 나옵니다. 정작 그들의 입장이나 악행의 이유가 전혀 나오지 않지요. 그러다 보니 자연스럽게 주인공의 입장에서 서술된 대로 두 형을 나쁜 사람으로 보게 됩니다.
하지만 정말 그럴까요? 비록 본문에는 나오지 않지만 어쩌면 두 형이 의도치 않게 실수했을 수도 있고, 오해로 잘못된 판단을 했을 수도 있습니다. 혹은 주인공은 모르는 다른 사연이 숨어 있을 수도 있죠. 아이가 단순히 주인공의 입장에서만 이야기를 읽고 그치는 것이 아니라 두 형의 입장도 상상해 보고 이야기할 수 있도록 이끌어 주세요. 그리고 한쪽 이야기만 듣고 판단하는 것은 성급하고 바람직하지 않다는 사실도 함께 알려 주세요.

알라딘과 마법사

옛날 어느 도시에 알라딘이라는 소년이 있었어요. 알라딘은 어려서 아버지를 여의고 어머니와 단둘이 가난하게 살았답니다. 알라딘이 열다섯 살이 되던 해였어요. 어느 날, 웬 낯선 아저씨가 알라딘에게 다가와 말을 걸었지요.

"난 네 아버지의 동생이야. 네게는 삼촌이지. 네가 네 아버지를 똑 닮아서 금방 알아보았어. 난 오랫동안 다른 나라를 떠돌다 형님이 돌아가셨다는 소식을 듣고 부랴부랴 달려왔단다. 날 집으로 데려가 주겠니? 형님을 추모하고 싶구나."

아저씨가 금화를 쥐여 주며 부탁하자 알라딘은 순순히 고개를 끄덕였어요. 별다른 의심 없이 집으로 데려가 어머니께 소개했지요. 아저씨는 어머니와 인사하자마자 눈물을 글썽이며 말했어요.

"형수님, 제게 조카를 맡겨 주십시오. 반드시 훌륭한 상인으로 키우겠습니다."

"부족한 아이지만 잘 부탁드립니다."

"걱정하지 마십시오, 형수님. 저만 믿으세요."

아저씨는 힘차게 고개를 끄덕이며 대답했어요. 그리고 몰래 히죽 웃었지요.

'계획대로 되고 있군! 내일 알라딘을 동굴로 데려가면 되겠어.'

사실 아저씨는 알라딘의 삼촌이 아니었어요. 아프리카에서 건너온 마법사였답니다. 이튿날, 마법사는 알라딘을 으슥한 계곡으로 데려갔어요. 마른 나뭇가지에 불을 붙이고 중얼중얼 주문을 외웠지요. 그러자 이게 웬일이에요? 땅이 쩍 갈라지더니 큼직한 바위가 나타났어요. 바위를 옆으로 치우자 좁은 동굴 안쪽으로 내려가는 계단이 보였어요. 마법사는 알라딘을 계단으로 내려보내며 단단히 일렀어요.

"첫 번째와 두 번째 방을 지나 세 번째 방으로 가. 세 번째 방 끝에 작은 문이 있어. 문을 열고 정원으로 나가서 테라스까지 쭉 가렴. 테라스에서 불이 켜져 있는 램프를 찾으면 불을 끄고 램프 안에 든 액체를

비운 다음 내게 가져오너라. 오고 가는 동안 절대 벽에 손대면 안 돼. 금과 은이 들어 있는 통에도 얼씬하지 마라. 알았니?"

마법사는 자기 손가락에서 반지를 빼서 알라딘에게 끼워 주었어요.

"이 반지는 널 지켜 줄 부적이야. 어서 다녀와라. 내 말대로 하면 우리는 부자가 될 수 있어!"

알라딘은 마법사가 알려 준 대로 조심조심 램프를 찾아냈어요. 램프의 불을 끄고 액체를 쏟은 다음 허리띠에 꼭 매달았지요. 다시 동굴 입구로 가려고 정원을 지나는데 처음 보는 열매들이 눈에 들어왔어요. 자세히 보니 빨강, 파랑, 노랑, 하양 등등 색색이 고운 유리가 열매처럼 나무마다 주렁주렁 매달려 있지 않겠어요? 알라딘은 욕심껏 색유리를 잔뜩 따서 주머니마다 꽉꽉 채워 넣었어요. 그러고 나서 서둘러 동굴 입구로 향했답니다. 동굴 입구에서 마법사가 목 빠지게 기다리고 있었지요.

"오, 램프를 찾아왔느냐? 얼른 램프부터 건네주려무나."

"동굴 밖으로 나가면 드릴 테니 저부터 꺼내 주세요."

알라딘이 호락호락 말을 듣지 않자 마법사는 버럭 화내며 주문을 외웠지요. 그 순간, 우르릉 쾅! 놀랍게도 바위가 원위치로 돌아가고 갈라졌던 땅이 다시 붙었어요. 알라딘은 꼼짝없이 동굴 안에 갇히고 말았어요!

인물관계도 예시 답안

마법사는 알라딘을 속여 동굴 속 램프를 가져오게 할 생각이었습니다.

16

답변으로 나올 수 있는 4개의 문장은 알라딘이 램프를 찾은 다음 어떻게 동굴에 갇히게 되었는지를 인물의 말과 행동으로 파악할 수 있게 구성되었습니다.

> ① 사건의 주요 전개를 알리는 문장 따라 쓰기 → ② 알라딘이 마법사에게 한 말 찾기 → ③ 마법사가 알라딘에게 한 행동의 이유 파악하기 → ④ 자신이라면 어떻게 할지 상상하여 쓰기

를 통해 이야기의 흐름을 정확하게 파악할 수 있도록 도와주세요.

읽기 전 생각해 볼 것들

동화를 읽기 전 아이와 함께 제목, 삽화, 표시된 문장 등을 보면서 어떤 내용이 펼쳐질지 유추해 보세요.

1. 제목을 보고 삽화 속 인물 중 누가 알라딘이고 누가 마법사일지 유추해 볼까요?

2. 제목과 삽화를 보고 어떤 이야기가 펼쳐질지 생각해 볼까요?

3. 동화 속 보라색 글씨에 등장하는 램프는 어떤 램프일지 상상해 볼까요?

✎ 참고하세요   본책 p.37 정답 예시

1 이야기와 만나는 문장 쓰기   사건의 주요 전개를 알리는 문장을 따라 써 봅니다. (왼쪽 보라색 문장 따라 쓰기)

2 이해하는 문장 쓰기   알라딘이 램프부터 달라고 한 마법사에게 뭐라고 했는지 확인합니다.

예시 알리딘은 마법사에게 동굴 밖에 나가서 램프를 줄 테니 자신을 먼저 꺼내 달라고 했습니다.

3 생각을 발견하는 문장 쓰기   알라딘의 말을 들은 마법사의 반응과 그 이유를 생각해 봅니다.

예시① 마법사는 알라딘이 자신의 말을 듣지 않아서 화가 났습니다.

예시② 마법사는 알라딘을 동굴에 가두고 겁먹게 해서 램프를 빼앗으려고 했습니다.

4 상상하는 문장 쓰기   자신이 마법사라면 어떻게 했을지 상상해 봅니다.

예시① 내가 마법사라면 알라딘이 램프를 먼저 주지 못하는 이유를 물어보겠습니다.

예시② 내가 마법사라면 알라딘을 꺼내 주고 램프를 받겠습니다.

모아쓰기 네 개의 문장을 이어서 하나의 문단을 완성합니다.

예시① 알라딘은 마법사가 알려 준 대로 조심조심 램프를 찾아냈어요. 알리딘은 마법사에게 동굴 밖에 나가서 램프를 줄 테니 자신을 먼저 꺼내 달라고 했습니다. 마법사는 알라딘이 자신의 말을 듣지 않아서 화가 났습니다. 내가 마법사라면 알라딘이 램프를 먼저 주지 못하는 이유를 물어보겠습니다.

예시② 알라딘은 마법사가 알려 준 대로 조심조심 램프를 찾아냈어요. 알리딘은 마법사에게 동굴 밖에 나가서 램프를 줄 테니 자신을 먼저 꺼내 달라고 했습니다. 마법사는 알라딘을 동굴에 가두고 겁먹게 해서 램프를 빼앗으려고 했습니다. 내가 마법사라면 알라딘을 꺼내 주고 램프를 받겠습니다.

가이드의 읽을거리 ● 〈알라딘과 요술 램프〉는 《아라비안나이트》를 대표하는 이야기 가운데 하나로 영화·애니메이션·연극·뮤지컬 등으로 2차 창작되며 널리 사랑받고 있습니다. 최근에는 디즈니의 실사 영화 〈알라딘〉으로 많은 화제를 모으기도 했지요. 그런데 〈알라딘과 요술 램프〉는 본래 《아라비안나이트》에 수록된 이야기가 아니었답니다. 프랑스의 동양학자이자 아랍어 교수인 앙투안 갈랑이 《아라비안나이트》를 프랑스어로 번역하고 최초로 유럽 사회에 소개했는데요. 이때 아랍과 종교, 문화가 다른 프랑스 독자들의 정서에 맞게 어떤 내용은 축소 혹은 추가하기도 하고, 줄거리는 그대로 두되 풍속이나 인명, 지명 따위를 시대나 풍토에 맞게 바꾸어 고치는 '번안'도 있었다고 합니다. 그런 과정에서 원전에는 없던 〈알라딘과 요술 램프〉가 삽입되었다고 합니다. 본래 구전이란 시간이 지나면서 이야기의 변형이 생기는 것이 특징입니다. 아이에게 〈알라딘과 요술 램프〉에 대한 2차 창작은 과거부터 현재까지 계속되고 있다고 설명해 주세요.

반지 요정과 램프 요정

"삼촌! 잘못했어요. 램프 드릴 테니까 제발 절 꺼내 주세요!"

알라딘이 울며불며 고래고래 소리쳤지만 아무 소용이 없었어요. 이미 마법사는 사라지고 없었거든요. 알라딘은 눈물을 뚝뚝 흘리며 두 손을 마구 비볐어요.

"신이시여, 제발 살려 주세요. 이대로 죽고 싶지 않아요."

그 순간, 아주 놀라운 일이 벌어졌어요. 펑! 소리와 함께 커다란 반지 요정이 눈앞에 딱 나타났지 뭐예요? 반지 요정은 우렁찬 목소리로 공손하게 말했어요.

"반지의 주인이시여, 어떤 소원을 이루어 드릴까요?"

"이곳에서 꺼내 줘. 당장 밖으로 나가고 싶어."

알라딘이 말하자마자 펑! 거짓말처럼 알라딘은 동굴 밖으로 나와 있었어요. 알라딘은 놀라고 무서운 마음을 달래며 서둘러 집으로 돌아왔어요. 그리고 어머니께 그동안 있었던 일을 모두 털어놓았답니다.

"세상에나! 몹쓸 마법사 때문에 큰일 날 뻔했구나."

"이미 지난 일이니 신경 쓰지 마세요. 그보다 제가 가져온 램프를 보실래요?"

알라딘은 램프를 탁자 위에 올렸어요. 어머니는 램프를 보고 눈썹을 살짝 찡그렸어요. 램프가 너무 더러웠거든요. 그래서 물로 램프를 살살 닦기 시작했더니……. 펑! 이번에는 램프 요정이 나타났어요.

"램프의 주인이시여, 어떤 소원을 이루어 드릴까요?"

순간, 어머니는 너무 놀라 꽁꽁 얼어붙었어요. 알라딘이 잽싸게 어머니에게서 램프를 받아들고 침착하게 명령했지요.

"배가 고프구나. 맛있는 음식을 가져오너라."

그러자 램프 요정이 곧바로 커다란 은쟁반을 가져왔어요. 은쟁반에는 맛있는 음식과 포도주, 은접시와 은잔이 올려져 있었지요. 램프 요정은 은쟁반의 음식들을 식탁에 차려 놓고 연기처럼 사라졌어요. 알라딘과 어머니는 기뻐하며 맛있게 음식을 먹었어요.

"램프 요정이 음식을 가져다주다니! 이게 꿈인지 생시인지 믿기지 않는구나."

"마음껏 드세요. 앞으로는 끼니 걱정할 필요가 없으니까요."

알라딘과 어머니는 배불리 먹은 다음 은접시와 은잔, 은쟁반을 차례대로 내다 팔았어요. 하나같이 순도 높은 은으로 만들어진 터라 굉장히 비싸게 팔려 나갔지요. 알라딘과 어머니는 은그릇을 판 돈으로 생활하다가 돈이 떨어지면 다시 램프 요정을 불러 음식을 부탁했고요. 음식을 다 먹은 뒤에는 은그릇을 팔아서 필요한 것을 마련하는 생활을 반복했답니다. 물론 램프 요정에게 더 귀한 보물을 더 많이 부탁할 수도 있었지만요. 알라딘과 어머니는 크게 욕심내지 않고 예전과 다를 바 없이 살았어요. 오히려 알뜰살뜰 돈을 아끼며 소박하게 생활한 덕분에 재산을 쉽게 불릴 수 있었답니다.

한편, 알라딘은 시장에서 상인들과 친하게 지내면서 온갖 지식을 배울 수 있었어요. 그 덕분에 자신이 동굴 안 정원에서 가져왔던 예쁜 색유리의 정체도 알게 되었지요. 색유리는 바로 값비싼 보석이었어요! 하지만 알라딘은 이 사실을 아무에게도 이야기하지 않았어요.

'혹시 모르니 비밀로 하자. 다른 사람에게는 알리지 않는 편이 좋겠어.'

인물관계도 예시 답안

소원을 들어주는 램프 요정이 나왔습니다.

답변으로 나올 수 있는 4개의 문장은 알라딘이 램프 요정을 불러낸 뒤에 어떤 일이 벌어졌는지를 차근차근 확인할 수 있도록 구성되었습니다.

> ① 이야기의 핵심 문장 따라 쓰기 → ② 알라딘의 첫 번째 소원 내용 확인하기 → ③ 알라딘이 계속 소박하게 사는 이유 생각하기 → ④ 자신이 알라딘이라면 어떤 소원을 빌지 상상하여 쓰기

를 통해 이야기의 흐름을 파악하고 자신의 생각을 정리해서 써 볼 수 있도록 이끌어 주세요.

읽기 전 생각해 볼 것들

동화를 읽기 전 아이와 함께 제목, 삽화, 표시된 문장 등을 보면서 어떤 내용이 펼쳐질지 유추해 보세요.

1. 제목과 삽화를 보고 알라딘에게 어떤 일이 벌어질지 유추해 볼까요?

2. 삽화를 보고 요정들이 동화 속에서 어떤 일을 할지 상상해 볼까요?

3. 동화 속 보라색 문장을 자신이 듣게 된다면 어떤 소원을 빌지 생각해 볼까요?

📝 참고하세요 본책 p.41 정답 예시

1 | 이야기와 만나는 문장 쓰기 | 이야기의 핵심이 되는 대화문을 따라 써 봅니다. (왼쪽 보라색 문장 따라 쓰기)

2 | 이해하는 문장 쓰기 | 알라딘이 램프 요정에게 처음으로 말한 소원을 확인합니다.

예시 알라딘은 램프 요정에게 맛있는 음식을 가져오라고 했습니다.

3 | 생각을 발견하는 문장 쓰기 | 알라딘이 더 값비싼 것들을 요구하지 않은 이유가 무엇일지 생각해 봅니다.

예시 1 알라딘은 갑자기 부자가 되면 사람들이 램프를 훔치러 올까 봐 걱정했습니다.

예시 2 알라딘은 필요한 것이 생길 때마다 소원을 빌면 된다고 생각했습니다.

4 | 상상하는 문장 쓰기 | 램프 요정에게 빌고 싶은 자신의 소원을 자유롭게 상상해 봅니다.

예시 1 내가 알라딘이라면 모든 사람이 배고프지 않게 해 달라는 소원을 빌겠습니다.

예시 2 내가 알라딘이라면 힘이 세지고 하늘을 날 수 있게 해 달라고 하겠습니다.

• 모아쓰기 • 네 개의 문장을 이어서 하나의 문단을 완성합니다.

예시 1 "램프의 주인이시여, 어떤 소원을 이루어 드릴까요?"
알라딘은 램프 요정에게 맛있는 음식을 가져오라고 했습니다. 알라딘은 갑자기 부자가 되면 사람들이 램프를 훔치러 올까 봐 걱정했습니다. 내가 알라딘이라면 모든 사람이 배고프지 않게 해 달라는 소원을 빌겠습니다.

예시 2 "램프의 주인이시여, 어떤 소원을 이루어 드릴까요?"
알라딘은 램프 요정에게 맛있는 음식을 가져오라고 했습니다. 알라딘은 필요한 것이 생길 때마다 소원을 빌면 된다고 생각했습니다. 내가 알라딘이라면 힘이 세지고 하늘을 날 수 있게 해 달라고 하겠습니다.

가이드의 읽을거리 ● 본래 〈알라딘과 요술 램프〉에서는 알라딘이 램프 요정에게 소원을 비는 횟수가 정해져 있지 않습니다. 우리가 흔히 알고 있는 램프 요정이 들어준다는 '세 가지 소원'은 이후 덧붙여진 설정인 셈이지요. 그 밖에도 각색 과정을 거치며 바뀌거나 추가된 설정들이 있습니다. 원전에서 알라딘은 고아도 도둑도 아니고 평범한 홀어머니와 함께 사는 아들입니다. 이야기의 무대는 중국이고 알라딘이 사랑한 공주의 이름도 자스민이 아니라 부디르 알 부도르입니다. (다만 원전도 중국의 정확한 위치를 언급하지 않고 있어서 본문에서는 특정 지역을 배경이라고 언급하지 않았습니다.) 또한 재상과 마법사는 같은 사람이 아닙니다. 재상은 재상, 마법사는 아프리카에서 온 마법사로 나오지요. 그리고 알라딘과 자스민 공주가 타고 하늘을 나는 마법 양탄자도 원전에는 등장하지 않습니다. 이처럼 원전에는 없지만 우리에게 익숙한 설정은 그만큼 〈알라딘과 요술 램프〉가 많은 사람에게 사랑받으며 다양하게 재창작되어 왔다는 것을 의미한답니다.

공주님을 사랑한 알라딘

어느 날, 알라딘이 사는 동네에 공주님의 행차 소식이 전해졌어요.

"공주님께서 지나가시는 동안 모든 가게와 집의 문을 닫고 사람들은 안에 들어가 있어야 한다!"

하지만 알라딘은 공주님이 너무 보고 싶었지요. 아름답기로 소문난 공주님이었거든요. 그래서 공주님이 지나가는 길이 내려다보이는 지붕 위로 올라가 숨었답니다. 그렇게 얼마나 기다렸을까요? 마침내 공주님이 호위 병사와 시녀들을 데리고 나타났어요. 알라딘은 지붕 위에서 몰래 공주님을 훔쳐보았어요. 사르륵! 바람결에 베일이 걷히고 공주님의 얼굴이 드러난 순간, 알라딘은 그만 숨을 멈추었지요.

'아, 정말 아름다워. **공주님과 결혼할 수만 있다면 뭐든지 하겠어!**'

공주님에게 첫눈에 반한 알라딘은 곧장 집으로 돌아와 어머니께 공주님을 만나게 해 달라고 부탁했어요. 그래서 어머니는 알라딘이 동굴에서 가져온 보석을 잔뜩 가지고 황제를 뵈러 갔답니다.

"폐하, 제 아들이 폐하께 바치는 선물이옵니다. 부디 받아 주시옵소서!"

황제는 하나같이 크고 아름다운 보석을 보고 눈이 휘둥그레졌지요.

"오호, 정말 진귀한 선물이로구나. 원하는 것이 있으면 말해 보아라."

"제 아들이 공주님을 무척 사랑하고 있습니다. 제 아들과 공주님의 결혼을 허락해 주십시오."

황제는 잠시 재상과 속닥속닥 의논한 다음 근엄하게 말했어요.

"알았다. 그러나 당장 결혼을 허락하기는 어려우니 석 달 뒤에 다시 찾아오너라."

알라딘의 어머니는 집으로 돌아와 알리딘에게 황제의 이야기를 전했어요. 알라딘은 뛸 듯이 기뻐하며 어머니를 와락 끌어안았지요.

"이제 석 달만 기다리면 저는 세상에서 가장 행복한 사람이 되겠군요! 고맙습니다, 어머니."

그러나 그 뒤로 두 달이 지난 어느 날, 알라딘에게 날벼락이 떨어졌어요. 바로 공주님이 재상의 아들과 결혼한다지 뭐예요! 알라딘은 서둘러 램프 요정을 불렀어요.

"공주님의 결혼을 막아야 해! 램프 요정아, 날 도와줘!"

알라딘은 램프 요정을 시켜 재상의 아들을 가두고 공주님과 단둘이 만났어요.

"겁먹지 마세요, 공주님. 저는 당신을 사랑하는 제 마음을 당신에게 직접 전하고 싶을 뿐이에요."

알라딘은 밤새도록 공주님과 도란도란 이야기를 나누었어요. 아침이 되면 재상의 아들과 공주님을 궁으로 돌려보냈고요. 밤에는 다시 재상의 아들을 가두고 공주님과 둘만의 시간을 보냈답니다. 그렇게 몇 날 며칠을 반복했을까요? 결국 재상의 아들과 공주님의 결혼식은 취소되었어요.

알라딘은 기뻐하며 공주님을 맞이할 준비를 했어요. 먼저 램프의 요정에게 부탁해 보석을 가득 담은 순금 접시 40개와 노예 80명을 황제에게 바쳤어요. 그런 다음 자신은 황제보다 훌륭한 말을 타고 앞뒤로 노예를 48명씩 세워서 금화를 길거리에 뿌리게 했지요. 어머니께는 시중드는 사람을 12명이나 두었답니다. 물론 공주님을 위해 으리으리한 궁전도 뚝딱 지었어요. 황제는 알리딘의 호화로운 행렬과 궁전을 보고 입을 떡 벌렸어요.

"오, 공주의 신랑으로 손색이 없도다. 당장 두 사람의 결혼식을 올려라!"

마침내 알라딘은 소원대로 사랑하는 공주님을 아내로 맞이할 수 있었답니다.

인물관계도 예시 답안

알라딘은 공주와 단둘이 이야기하고 싶었습니다.

답변으로 나올 수 있는 4개의 문장은 알라딘이 공주와 결혼하는 과정을 순서대로 따라갈 수 있게 구성되었습니다.

> ① 사건이 시작되는 문장 따라 쓰기 → ② 알라딘이 공주와 결혼하고 싶어 한 이유 확인하기 → ③ 공주와 결혼하기 위한 알라딘의 노력 찾기 → ④ 자신이라면 어떻게 할지 상상하여 쓰기

를 통해 이야기의 핵심 내용을 파악하고 같은 상황에서 자신만의 방법을 생각해 볼 수 있게 지도해 주세요.

읽기 전 생각해 볼 것들

동화를 읽기 전 아이와 함께 제목, 삽화, 표시된 문장 등을 보면서 어떤 내용이 펼쳐질지 유추해 보세요.

1. 제목을 보고 어떤 이야기가 펼쳐질지 유추해 볼까요?

2. 삽화 속 인물들이 어떤 사람일지 생각해 볼까요?

3. 제목과 삽화를 보고 어떤 상황인지 상상해 볼까요?

참고하세요 본책 p.45 정답 예시

1 [이야기와 만나는 문장 쓰기] 사건의 시작이 되는 문장을 따라 써 봅니다. (왼쪽 보라색 문장 따라 쓰기)

2 [이해하는 문장 쓰기] 알라딘이 공주와 결혼하고 싶어 하는 이유를 확인합니다.

예시 알라딘은 아름다운 공주님을 보고 사랑에 빠졌습니다.

3 [생각을 발견하는 문장 쓰기] 알라딘이 공주와 결혼하기 위해 어떤 행동을 했는지 정리해 봅니다.

예시1 알라딘은 어머니를 통해 황제에게 보석을 바치고 공주님과의 결혼을 허락받기로 했습니다.

예시2 알라딘은 램프 요정에게 부탁해 재상의 아들과 공주님의 결혼을 막았습니다.

4 [상상하는 문장 쓰기] 자신이 알라딘이라면 사랑을 이루기 위해 램프 요정에게 어떤 부탁을 할지 상상해 봅니다.

예시1 내가 알라딘이라면 사랑을 고백하는 편지를 쓰고 램프 요정더러 공주님에게 전해 달라고 부탁하겠습니다.

예시2 내가 알라딘이라면 램프 요정에게 부탁해 공주님이랑 둘만 먼 곳으로 보내 달라고 하겠습니다.

모아쓰기 네 개의 문장을 이어서 하나의 문단을 완성합니다.

예시1 '공주님과 결혼할 수만 있다면 뭐든지 하겠어!'

알라딘은 아름다운 공주님을 보고 사랑에 빠졌습니다. 알라딘은 어머니를 통해 황제에게 보석을 바치고 공주님과의 결혼을 허락받기로 했습니다. 내가 알라딘이라면 사랑을 고백하는 편지를 쓰고 램프 요정더러 공주님에게 전해 달라고 부탁하겠습니다.

예시2 '공주님과 결혼할 수만 있다면 뭐든지 하겠어!'

알라딘은 아름다운 공주님을 보고 사랑에 빠졌습니다. 알라딘은 램프 요정에게 부탁해 재상의 아들과 공주님의 결혼을 막았습니다. 내가 알라딘이라면 램프 요정에게 부탁해 공주님이랑 둘만 먼 곳으로 보내 달라고 하겠습니다.

가이드의 읽을거리 ● 〈알라딘과 요술 램프〉의 원전에서 알라딘이 처음 공주의 얼굴을 목격한 곳은 본문과 달리 목욕탕이었습니다. 목욕탕 문 뒤에 숨어서 베일을 벗은 공주를 보고 한눈에 반한 알라딘이 램프 요정의 힘을 빌어서 구혼에 나선 것이지요. 최근 몰래 카메라를 비롯한 '훔쳐보기'의 위험성이 사회적 문제로 대두되는 점을 고려하여 본문에서는 알라딘이 목욕탕 문 뒤가 아니라 지붕 위에서 공주를 본 것으로 순화했습니다.

사실 〈알라딘과 요술 램프〉의 알라딘이 금지된 공주의 행차를 몰래 훔쳐본 행위는 과거의 이야기 특성상 어쩔 수 없다고 해도 결코 바람직하다고는 할 수 없습니다. 아무리 궁금하다고 해도 남을 멋대로 훔쳐보거나 몰래 찍거나 하는 행위가 정당화될 수 없으니까요. 고전을 읽다 보면 종종 부딪히는 문제이기도 한데요. 아이들과의 충분한 대화 혹은 생각해 볼 수 있는 질문을 통해 아이 스스로 무엇이 옳고 그른지 고민해 볼 수 있는 기회를 주세요.

되찾은 요술 램프

알라딘이 공주님과 결혼하고 몇 년이 흘렀어요. 어느 날, 예전에 알라딘을 동굴 속에 두고 떠났던 마법사가 다시 나타났지 뭐예요.

"알라딘이 내 램프로 부자가 되었다고? 심지어 공주와 결혼도 했다니!"

마법사는 이를 부득부득 갈며 알라딘에게서 다시 램프를 빼앗을 계획을 세웠어요. 때마침 알라딘은 사냥을 떠나서 궁궐에 없었지요. 마법사는 그 사실을 알고 나서 히죽 웃었어요.

"지금이야! 램프도, 공주도, 알라딘이 가진 모든 것을 빼앗겠어."

마법사는 새 램프를 열두 개 사서 알라딘의 궁전으로 갔어요.

"램프 바꿔 가세요! 헌 램프를 새 램프로 바꿔 드립니다."

그러자 공주는 시녀에게 알라딘의 낡고 오래된 램프를 새 램프로 바꿔 오라고 시켰어요. 알라딘이 애지중지하는 요술 램프라는 사실을 까맣게 몰랐거든요.

"새 램프를 보면 분명히 알라딘이 좋아할 거야."

한편, 마법사는 요술 램프를 손에 넣자마자 얼른 궁전을 빠져나왔어요. 아무도 없는 곳에 도착해서는 램프를 문질러 요정을 불러냈지요.

"알라딘의 궁전과 그 안에 있는 사람을 모두 내 고향으로 옮겨라. 지금 당장!"

"네, 램프의 주인님."

눈 깜짝할 새 알라딘의 궁전은 마법사의 고향으로 옮겨졌어요. 궁전 안에 있던 공주와 다른 사람들도 함께였지요. 한편, 황제는 느닷없이 알라딘과 공주가 살고 있던 궁전이 사라진 것을 보고 불같이 화를 내며 알라딘을 불러들였어요. 알라딘은 머리를 조아리고 간곡히 부탁했어요.

"조금만 기다려 주십시오. 제가 반드시 공주님을 찾아서 함께 돌아오겠습니다."

황제가 우선 공주를 찾으려고 마지못해 허락하자 알라딘은 곧바로 황궁에서 나와 반지 요정을 불렀어요.

"나를 공주가 있는 곳으로 데려다주어라!"

반지 요정은 순식간에 알라딘을 공주가 있는 방에 데려다주었어요. 공주는 알라딘을 발견하자마자 기쁨에 겨워 눈물을 흘렸지요. 알라딘도 다시 만난 것을 기뻐하며 공주를 껴안았어요.

"혹시 내 램프를 보지 못했소?"

"죄송해요. 제가 모르고 당신의 램프를 새 램프로 바꾸었어요."

"괜찮소. 우리가 힘을 합쳐 마법사에게서 램프를 되찾으면 되오."

알라딘과 공주는 서로 머리를 맞대고 램프를 되찾을 계획을 세웠어요. 우선 공주가 마법사에게 술을 먹여서 재우면요, 알라딘이 얼른 들어와서 램프를 찾기로 했지요. 그래서 어떻게 되었느냐고요? 결과는 대성공! 술을 마시고 잔뜩 취한 마법사는 비틀거리다 넘어져서 그만 죽고 말았어요! 알라딘은 공주가 놀라지 않게 다른 방으로 보낸 다음 죽은 마법사의 품속에서 램프를 찾아 꺼냈답니다.

"이 궁전과 궁전에 있는 모든 사람을 원래 있던 곳으로 돌려놓아라."

그러자 한순간에 모든 것이 원래 자리로 돌아갔지요. 황제는 무사히 돌아온 공주를 보고 크게 기뻐했어요. 또한 알라딘과 공주를 위해 큰 잔치를 베풀었답니다.

"알라딘, 그대는 훌륭한 사위이자 내 딸을 구한 영웅이야! 정말 고맙네!"

공주와 함께 살고 있는 알라딘의 궁전과 그 안에 있는 사람을 자기 고향으로 옮기게 했습니다.

답변으로 나올 수 있는 4개의 문장은 알라딘이 마법사에게 램프 요정과 공주와 궁전을 빼앗긴 상황을 인과관계에 따라 정리할 수 있도록 구성되었습니다.

> ① 주요 사건의 발단이 되는 문장 따라 쓰기 → ② 마법사의 말과 행동으로 의도 확인하기 → ③ 공주가 실수한 이유 파악하기 → ④ 자신이라면 어떻게 할지 상상하며 쓰기

를 통해 알라딘이 맞닥뜨린 문제에 대해 자신만의 방법을 제시할 수 있도록 도와주세요.

읽기 전 생각해 볼 것들

동화를 읽기 전 아이와 함께 제목, 삽화, 표시된 문장 등을 보면서 어떤 내용이 펼쳐질지 유추해 보세요.

1. 제목과 삽화를 보고 어떤 이야기가 펼쳐질지 유추해 볼까요?
2. 왜 마법사는 동화 속 굵은 글씨처럼 새 램프를 열두 개나 샀을지 생각해 볼까요?
3. 삽화를 보고 앞으로 어떤 일이 벌어질지 상상해 볼까요?

✎ 참고하세요 본책 p.49 정답 예시

1 | 이야기와 만나는 문장 쓰기 | 주요 사건의 발단이 되는 문장을 따라 써 봅니다. (왼쪽 보라색 문장 따라 쓰기)

2 | 이해하는 문장 쓰기 | 마법사가 한 말과 행동을 관찰해서 의도를 확인합니다.

[예시] 마법사는 새 램프를 알라딘의 헌 램프와 바꾸려고 했기 때문입니다.

3 | 생각을 발견하는 문장 쓰기 | 공주가 마법사의 꾀에 넘어갔던 이유를 생각합니다.

[예시①] 공주는 알라딘의 램프가 요술 램프인 줄 몰랐습니다.
[예시②] 공주는 알라딘이 새 램프를 더 좋아할 거라고 생각했습니다.

4 | 상상하는 문장 쓰기 | 자신이 마법사에게 가진 것을 모두 빼앗긴 알라딘이라면 어떻게 할지 상상해 봅니다.

[예시①] 내가 알라딘이라면 반지 요정을 불러서 램프를 훔쳐 간 마법사를 잡아 오라고 말하겠습니다.
[예시②] 내가 알라딘이라면 반지 요정에게 공주와 궁전과 램프를 원래대로 돌려놓으라고 부탁하겠습니다.

모아쓰기 네 개의 문장을 이어서 하나의 문단을 완성합니다. 문장이 매끄럽게 연결되도록 적절한 접속어를 활용하게 도와주세요.

[예시①] 마법사는 새 램프를 열두 개 사서 알라딘의 궁전으로 갔어요. (왜냐하면) 마법사는 새 램프를 알라딘의 헌 램프와 바꾸려고 했기 때문입니다. 공주는 알라딘의 램프가 요술 램프인 줄 몰랐습니다. 내가 알라딘이라면 반지 요정을 불러서 램프를 훔쳐 간 마법사를 잡아 오라고 말하겠습니다.

[예시②] 마법사는 새 램프를 열두 개 사서 알라딘의 궁전으로 갔어요. (왜냐하면) 마법사는 새 램프를 알라딘의 헌 램프와 바꾸려고 했기 때문입니다. 공주는 알라딘이 새 램프를 더 좋아할 거라고 생각했습니다. 내가 알라딘이라면 반지 요정에게 공주와 궁전과 램프를 원래대로 돌려놓으라고 부탁하겠습니다.

가이드의 읽을거리 ● 본문의 마법사는 어렵게 램프 요정을 손에 넣자마자 첫 번째 소원으로 알라딘의 궁전과 그 안에 있는 모든 것을 빼앗습니다. 이는 마법사가 공주와의 결혼으로 행복해 보이는 알라딘을 질투해서 알라딘이 가진 것을 모조리 빼앗으려고 했기 때문이지요. 그러나 그 결과는 참담했습니다. 마법사는 공주를 되찾으러 온 알라딘에게 당해서 목숨까지 잃고 맙니다. 만약 마법사가 알라딘을 부러워하거나 알라딘이 가진 것을 모두 빼앗으려고 하지 않았다면 어땠을까요? 어쩌면 램프 요정이 없어도 행복할 수 있었을지 모릅니다.

마법사가 한순간 화를 참지 못하고 램프를 포기했던 것처럼 때때로 우리도 기회를 놓칠 때가 있습니다. 그런데도 그 기회가 여전히 우리 것인냥 착각하기도 합니다. 그래서 그 기회를 잡은 누군가를 질투하게 됩니다. 하지만 질투 때문에 남이 가진 것을 빼앗고 싶어 하는 마음은 자기 자신에게도 결국 해가 된다는 사실을 아이에게 대화를 통해 알려 주세요.

황제가 된 공주와 알라딘

앞서 죽은 마법사에게는 사실 동생이 하나 있었어요. 동생도 형처럼 마법사였는데요. 형이 죽었다는 사실을 알고 크게 노여워하며 복수를 맹세했답니다.

"반드시 내 손으로 형의 원수를 갚아 주겠어!"

동생 마법사는 알라딘을 해칠 궁리를 하다가 파티마에 대한 이야기를 들었어요.

"파티마는 대단해. 평소에는 도를 닦다가 일주일에 딱 이틀만 거리로 나와서 사람들을 도와주지. 아픈 사람을 낫게 하고, 배고픈 사람에게 음식을 나눠 준다네."

동생 마법사는 그길로 파티마라는 사람을 찾아갔어요. 그리고 파티마를 죽인 뒤 옷을 빼앗아 입었지요. 그런 다음 파티마인 척하며 알라딘이 사는 궁전으로 향했답니다. 물론 궁전까지 가는 동안 동생 마법사가 파티마인 줄 알고 많은 사람이 몰려들었어요. 곧 파티마가 궁전 앞까지 왔다는 소식이 공주에게도 전해졌지요.

"파티마를 한 번 만나 보고 싶구나. 어서 가서 파티마를 불러오너라."

곧 시녀가 파티마인 척하는 동생 마법사를 공주 앞으로 데려왔어요. 공주는 무척 반가워하며 손수 궁궐 이곳저곳을 구경시켜 주었지요. 동생 마법사는 감탄하는 시늉을 하다가 갑자기 손가락으로 궁전 천장을 가리켰어요.

"공주님, 천장이 좀 횡한데요. 천장에 로크 새의 알을 가져다 매달면 어떨까요?"

"로크 새의 알을 어디서 구할 수 있나요?"

"로크 새는 캅카스 산에 살지요. 이 궁전의 주인이라면 쉽게 구하실 텐데요."

공주는 동생 마법사에게 완전히 설득당했어요. 그래서 동생 마법사가 궁전을 떠난 뒤 알라딘에게 로크 새의 알을 구해 달라고 부탁했지요. 알라딘은 공주에게 고개를 끄덕이고 자신만만하게 말했어요.

"알았소. 곧 로크 새의 알을 구해 올 테니 조금만 기다려 주시오."

그런 다음 혼자 조용한 곳으로 가서 램프 요정을 불렀어요.

"지금 바로 로크 새의 알을 구해서 궁전의 천장에 매달아 놓아라."

그런데 이게 웬일일까요? 램프 요정이 쩌렁쩌렁한 목소리로 호통을 쳤어요.

"어리석은 자가 주제를 모르고 까부는구나. 로크 님은 신성한 존재이시다. 나 같은 요정들이 따르는 로크 님의 알을 가져오라고 하다니! **당장 너와 네 아내의 잘못을 뉘우치고, 파티마인 척하는 마법사를 잡아 벌을 주어라!**"

램프 요정은 불같이 화를 내고 사라져 버렸어요. 알라딘은 놀란 가슴을 쓸어내리며 아픈 척 드러누웠어요. 그러고 나서 치료를 핑계로 동생 마법사를 불렀답니다.

'드디어 알라딘을 내 손으로 없앨 기회가 왔구나!'

동생 마법사는 흐흐 웃으며 누워 있는 알라딘에게 다가갔어요. 품속에서 칼을 꺼내려는 순간! 알라딘이 벌떡 일어나 동생 마법사를 쓰러뜨렸어요. 공주가 너무 놀라 눈물을 뚝뚝 흘리자 알라딘은 공주를 꼭 안아 주었어요.

"악랄한 마법사가 파티마인 척 우리를 해치려고 했다오. 하지만 이제 괜찮소. 아무도 우리를 해칠 수 없으니 안심하시오."

동생 마법사까지 물리친 알라딘은 그 뒤로 공주와 행복하게 잘 살았어요. 시간이 흘러 황제가 세상을 떠나자 공주가 새로운 황제가 되었지요. 새 황제는 알라딘과 함께 백성들에게 존경을 받으며 오래오래 나라를 잘 다스렸답니다.

인물관계도 예시 답안

아픈 사람들을 낫게 하고 배고픈 사람에게 음식을 나눠 주던 파티마입니다.

24

◎ 가이드 tip 질문의 의도

답변으로 나올 수 있는 4개의 문장은 알라딘이 동생 마법사에게 속을 뻔하다가 사실을 알게 된 과정을 요약할 수 있도록 구성되었습니다.

> ① 이야기가 전환되는 대화문 따라 쓰기 → ② 램프 요정의 반응 확인하기 → ③ 사실을 알게 된 알라딘의 심리 파악하기 → ④ 자신이라면 어떻게 할지 상상하며 쓰기

를 통해 알라딘의 심리와 행동을 이해하고 자신의 입장에서도 생각해 볼 수 있게 이끌어 주세요.

읽기 전 생각해 볼 것들

동화를 읽기 전 아이와 함께 제목, 삽화, 표시된 문장 등을 보면서 어떤 내용이 펼쳐질지 유추해 보세요.

1. 삽화 속 인물들의 관계를 유추해 볼까요?

2. 이전 이야기를 떠올려 보고, 공주와 알라딘이 어떻게 황제가 됐을지 상상해 볼까요?

3. 동화 속 보라색 글씨에 등장하는 '로크 새의 알'이 무엇일지 생각해 볼까요?

✎ 참고하세요 본책 p.53 정답 예시

1 [이야기와 만나는 문장 쓰기] 이야기가 전환되는 부분의 대화문을 따라 써 봅니다. (왼쪽 보라색 문장 따라 쓰기)

2 [이해하는 문장 쓰기] 램프 요정이 화낸 이유를 찾아봅니다.

[예시] 램프 요정은 자신 같은 요정들이 따르는 로크 새의 알을 가져오라는 알라딘의 말에 불같이 화냈습니다.

3 [생각을 발견하는 문장 쓰기] 램프 요정 덕분에 파티마의 정체를 알게 된 알라딘의 심정을 헤아려 봅니다.

[예시 1] 알라딘은 동생 마법사를 가만두면 위험해진다고 생각했을 것입니다.

[예시 2] 알라딘은 동생 마법사에게 속은 걸 알고 화가 났습니다.

4 [상상하는 문장 쓰기] 알라딘이 처한 상황을 떠올리며 자신이라면 어떻게 할지 상상해 봅니다.

[예시 1] 내가 알라딘이라면 반지 요정을 불러내 동생 마법사를 혼쭐내 주겠습니다.

[예시 2] 내가 알라딘이라면 동생 마법사를 용서해 주고 부하로 만들겠습니다.

▶ 모아쓰기 네 개의 문장을 이어서 하나의 문단을 완성합니다. 문장이 매끄럽게 연결되도록 적절한 접속어를 활용하게 도와주세요.

[예시 1] "당장 너와 네 아내의 잘못을 뉘우치고, 파티마인 척하는 마법사를 잡아 벌을 주어라!"
램프 요정은 자신 같은 요정들이 따르는 로크 새의 알을 가져오라는 알라딘의 말에 불같이 화냈습니다. 알라딘은 동생 마법사를 동생 마법사를 가만두면 위험해진다고 생각했을 것입니다. 내가 알라딘이라면 반지 요정을 불러내 동생 마법사를 혼쭐내 주겠습니다.

[예시 2] "당장 너와 네 아내의 잘못을 뉘우치고, 파티마인 척하는 마법사를 잡아 벌을 주어라!"
램프 요정은 자신 같은 요정들이 따르는 로크 새의 알을 가져오라는 알라딘의 말에 불같이 화냈습니다. 알라딘은 동생 마법사에게 속은 걸 알고 화가 났습니다. (하지만) 내가 알라딘이라면 동생 마법사를 용서해 주고 부하로 만들겠습니다.

가이드의 읽을거리 ● 〈알라딘의 요술 램프〉에서 세상을 떠난 황제의 뒤를 이어 황위에 오른 사람은 알라딘이 아니라 공주입니다. 황위 계승이 부자 계승이 아니라 부녀 계승으로 이루어진 것이지요. 〈알라딘의 요술 램프〉의 세계관이 여성의 황위 계승권을 인정한다는 점에서 무척 인상 깊은 결말이라고 할 수 있습니다. 당장 우리나라만 해도 조선의 왕위 계승 법칙은 부자 계승이며 적장자 계승이었으니까요. 영국에서도 자신의 뒤를 이어 왕이 될 아들을 얻기 위해 왕비를 여럿이나 갈아 치운 헨리 8세의 사례가 있지요. 그래서 우리는 스스로 인지하지 못하는 사이에 성역할에 고정관념을 갖는 경우가 있습니다. 이럴 때 신라시대 선덕여왕의 이야기나 〈알라딘과 요술 램프〉의 결말처럼 다른 이야기를 읽고 나면 자연스럽게 그 고정관념이 깨지기도 합니다.
요즘은 과거와 달리 성역할에 대한 고정관념이 줄어드는 추세인 만큼 우리 아이들이 다양한 형태로 자신의 미래를 꿈꿀 수 있도록 열린 대화로 지도해 주세요.

열려라, 참깨

어느 마을에 가난한 형제가 살았어요. 형 카심은 돈 많은 아내와 결혼해서 부자가 되었는데요. 동생 알리바바는 자신과 형편이 비슷한 아내와 결혼했지요.

하루는 알리바바가 숲에 나무를 하러 갔어요. 한참을 열심히 나무를 베는데 갑자기 말달리는 소리가 들리지 않겠어요? 알리바바가 깜짝 놀라서 보니 40명의 사내가 말을 타고 우르르 달려오고 있었어요.

'혹시 도둑들일지도 몰라. 해코지당할 수 있으니 얼른 몸을 숨기자!'

알리바바는 잽싸게 나무 위로 올라갔어요. 곧 40명의 사내가 알리바바가 숨은 나무 근처까지 말을 달려왔어요.

"워워! 다 왔다. 모두 말에서 내려라."

40명의 사내는 나무에 말을 묶은 다음 두툼한 주머니를 이고 지고 커다란 바위 앞으로 갔어요. 그러고는 두목으로 보이는 사내가 앞으로 나서더니 두 손을 번쩍 올리고 외쳤지요.

"열려라, 참깨!"

세상에나! 커다란 바위가 자동문처럼 양쪽으로 쓱 갈라지지 뭐예요? 두목은 부하들을 먼저 바위 안쪽으로 들여보냈어요. 자기는 맨 마지막으로 따라 들어갔지요. 그러자 바위가 저절로 탁 닫혔어요. 알리바바는 눈을 끔뻑끔뻑하며 이 광경을 지켜보았답니다.

잠시 뒤, 다시 바위가 스르륵 열리면서 사내들이 걸어 나왔어요. 사내들은 말을 타고 어디론가 사라져 버렸지요. 알리바바는 사내들이 아주 멀리 갈 때까지 기다렸다가 슬그머니 내려왔어요. 그리고 사내들처럼 커다란 바위 앞으로 가서 외쳤어요.

"열려라, 참깨!"

아까처럼 바위가 갈라지며 문이 열렸어요! 알리바바는 바위 안쪽으로 들어갔다가 그만 깜짝 놀랐어요. **바위 안쪽에는 온갖 진귀한 보물이 산처럼 잔뜩 쌓여 있었거든요.**

"역시 도둑이 틀림없어. 오랫동안 도둑질한 보물들을 여기 모아 놓은 거야."

알리바바는 나귀 등에 금화 자루들을 싣고 잽싸게 집으로 향했어요. 그리고 나서 아내와 함께 금화를 세기 위해 카심의 아내에게 이유는 설명하지 않은 채 됫박을 빌렸답니다. 카심의 아내는 알리바바 부부가 왜 됫박을 빌리는지 궁금했어요. 그래서 몰래 됫박에 기름을 발라서 빌려주었습니다.

알리바바 부부는 그 사실을 까맣게 몰랐어요. 두 사람은 됫박으로 신나게 금화를 세고 난 다음 카심의 아내에게 돌려주었는데요. 카심의 아내가 됫박 뒷면에 딱 붙어 있던 금화 한 닢을 발견하고 말았지요. 궁금증이 커진 카심의 아내는 카심을 불러서 들들 볶았어요.

"당신 동생이 어떻게 됫박으로 셀 만큼 많은 금화를 얻었는지 당장 알아봐요!"

카심은 아내의 등쌀에 못 이겨 곧장 알리바바를 찾아갔어요.

"알리바바, 금화를 어디서 얻었는지 말해라. 만약 솔직하게 털어놓지 않으면 널 신고하겠다. 그러면 넌 모든 금화를 잃을 뿐만 아니라 큰 벌을 받게 되겠지!"

"아이고 형님, 진정하세요. 제가 아는 대로 다 말씀드리겠습니다."

알리바바는 카심에게 자신이 보고 들었던 내용을 숨김없이 이야기했어요. 들어갈 때와 나올 때 외쳐야 하는 주문도 알려 주었답니다.

"반드시 '열려라, 참깨'라고 외치셔야 해요. 그래야 바위 문이 열린답니다."

인물관계도 예시 답안

도둑에게 해코지를 당할까 걱정했기 때문입니다.

답변으로 나올 수 있는 4개의 문장은 알리바바가 보물을 얻은 상황과 그 다음 상황을 유기적으로 파악하도록 구성돼 있습니다.

> ① 주요 사건이 시작되는 문장 따라 쓰기 → ② 보물을 발견한 다음 알리바바의 행동 확인하기 → ③ 알리바바 행동의 이유 파악하기 → ④ 자신이라면 어떻게 할지 상상하기

를 통해 알리바바의 행동과 그 이유를 정리하고 이에 대한 자신의 생각을 표현할 수 있게 도와주세요.

읽기 전 생각해 볼 것들

동화를 읽기 전 아이와 함께 제목, 삽화, 표시된 문장 등을 보면서 어떤 내용이 펼쳐질지 유추해 보세요.

1. 제목에 등장하는 말이 어떤 주문일지 상상해 볼까요?

2. 제목과 삽화를 보고 어떤 이야기가 펼쳐질지 유추해 볼까요?

3. 동화 속 보라색 글씨처럼 보물을 발견하면 어떻게 할지 생각해 볼까요?

✎ 참고하세요 본책 p.59 정답 예시

1 이야기와 만나는 문장 쓰기 주요 사건이 시작되는 문장을 따라 써 봅니다. (왼쪽 보라색 문장 따라 쓰기)

2 이해하는 문장 쓰기 알리바바가 보물을 발견하고 어떻게 반응했는지 확인합니다.

예시 알리바바는 나귀 등에 금화 자루를 싣고 집으로 왔습니다.

3 생각을 발견하는 문장 쓰기 알리바바가 카심에게 비밀을 털어놓은 이유를 생각합니다.

예시1 알리바바는 카심의 아내에게 됫박을 빌려서 금화를 세다가 들켰습니다.

예시2 알리바바는 신고하겠다는 카심의 협박에 못 이겨 비밀을 털어놓았습니다.

4 상상하는 문장 쓰기 자신이 알리바바라면 추궁하는 카심에게 뭐라고 했을지 상상해 봅니다.

예시1 내가 알리바바라면 금화를 가져온 곳을 거짓으로 답하겠습니다.

예시2 내가 알리바바라면 사실대로 카심에게 말하고 금화를 반씩 나누겠습니다.

모아쓰기 네 개의 문장을 이어서 하나의 문단을 완성합니다. 문장이 매끄럽게 연결되도록 적절한 접속어를 활용하게 도와주세요.

예시1 바위 안쪽에는 온갖 진귀한 보물이 산처럼 잔뜩 쌓여 있었거든요. 알리바바는 나귀 등에 금화 자루를 싣고 집으로 왔습니다. (그리고) 알리바바는 카심의 아내에게 됫박을 빌려서 금화를 세다가 들켰습니다. 내가 알리바바라면 금화를 가져온 곳을 거짓으로 답하겠습니다.

예시2 바위 안쪽에는 온갖 진귀한 보물이 산처럼 잔뜩 쌓여 있었거든요. 알리바바는 나귀 등에 금화 자루를 싣고 집으로 왔습니다. (그리고) 알리바바는 신고하겠다는 카심의 협박에 못 이겨 비밀을 털어놓았습니다. 내가 알리바바라면 사실대로 카심에게 말하고 금화를 반씩 나누겠습니다.

가이드의 읽을거리 ● 우리는 알리바바가 주인공이기 때문에 알리바바의 입장에서 이야기를 읽는 함정에 빠지기 쉽습니다. 하지만 한 발짝 물러서서 이야기를 읽으면, 알리바바의 말과 행동이 과연 바람직했나 하는 의문을 가져 볼 수 있습니다. 본문 속 알리바바는 도둑의 보물을 발견하고 자기 마음대로 가져와 버립니다. 하지만 아무리 도둑의 보물이라고 해도 알리바바가 멋대로 손을 댄 행동을 옳다고 할 수 있을까요? 알리바바는 도둑의 보물을 가져오지 말고 신고했어야 하는 것은 아닐까요?

이처럼 어떤 사람의 입장에서 상황을 바라보는가에 따라 전혀 다른 가치 판단을 하게 될 수도 있습니다. 그러니 주인공의 말과 행동을 그냥 받아들이기보다 아이에게 자신이 각각 알리바바, 도둑, 카심이라면 어떻게 할지 질문하면서 생각해 볼 수 있는 기회를 만들어 주세요.

욕심쟁이 카심의 죽음

이튿날 아침이었어요. 카심은 일어나자마자 알리바바가 알려 준 숲으로 향했지요. 금화를 잔뜩 가져올 생각에 신이 났어요. 나귀 열 마리에 빈 상자를 매달고 출발!

"후후, 이제 나는 왕도 부럽지 않은 부자가 될 거야!"

카심은 곧 알리바바가 숨었던 나무 근처에 이르렀어요. 알리바바가 말한 커다란 바위 앞으로 가서 힘껏 주문을 외쳤답니다.

"열려라, 참깨!"

과연 바위 문이 스르륵 열렸지요. 카심은 두근두근 떨리는 마음을 안고 바위 안쪽으로 들어갔어요. 곧 카심의 눈앞에 어마어마한 금은보화의 산이 떡 나타났어요.

"세상에, 이렇게 많은 보물은 태어나서 처음 봐! 알리바바 녀석, 이 보물을 혼자 가지려고 하다니 어림도 없지!"

카심은 욕심껏 금은보화를 챙겨서 바위 문 앞으로 갔어요. 그런데 이게 웬일이에요? 갑자기 주문을 잊어버렸지 뭐예요! 카심은 당황해서 더듬거렸어요.

"뭐, 뭐더라? 분명 곡식 이름이었는데……. 열려라, 보……리!"

하지만 바위 문은 꼼짝도 하지 않았어요. 카심은 다급해져서 아무거나 막 외쳐 보았어요.

"열려라, 콩! 열려라, 쌀! 열려라, 팥!"

계속 틀린 주문을 외치니 문이 열릴 리가 있나요. 카심은 머리를 마구 쥐어뜯으며 주문을 떠올리려고 했지만 그럴수록 더 생각이 나지 않았어요. 엎친 데 덮친 격으로 그즈음 두목을 포함한 40명의 도둑이 바위 근처로 말을 달려서 다가오고 있었지요. 도둑들은 바위 근처에 카심이 묶어 놓은 나귀들을 보고 눈이 휘둥그레졌어요.

"도둑이다! 우리 보물을 훔치러 온 도둑이 분명해!"

도둑들은 바위 앞으로 뛰어가서 주문을 외쳤어요.

"열려라, 참깨!"

이번에는 바위 문이 스르륵 열렸어요. 그 바람에 바위 안쪽에서 보물을 훔쳐서 달아나려고 서성이던 카심이 도둑들에게 딱 걸리게 되었답니다. 카심은 쏜살같이 도망치려고 했지만 이미 독 안에 든 쥐 신세였지요. 몇 걸음 가지 못해 도둑들에게 붙잡히고 말았어요.

한편, 카심의 아내는 밤늦도록 카심이 돌아오지 않자 안절부절못했어요. 카심에게 무슨 일이 생겼을까 봐 걱정이 태산이었지요. 결국 카심의 아내는 알리바바에게 달려가 울면서 부탁했어요.

"흑흑, 카심이 아침 일찍 숲에 가서 지금까지 감감무소식이에요. 제발 그이를 찾아 주세요!"

"너무 걱정하지 마세요. 제가 날이 밝는 대로 형님을 찾으러 가겠습니다."

알리바바는 카심의 아내를 위로하고 집으로 돌려보낸 다음 뜬눈으로 밤을 지새웠어요. 그리고 나서 아침 해가 뜨자마자 숲으로 달려갔어요. 속으로 카심이 안전하기를 빌고 또 빌었지요.

'아아, 제발 형님에게 아무 일도 없기를!'

그러나 카심은 이미 싸늘한 주검이 되어 있었어요. 알리바바는 너무 슬픈 나머지 죽은 카심을 품에 안고 엉엉 울었답니다. 한참을 울고 난 뒤에야 눈물을 닦으며 일어났지요.

"형님, 집으로 돌아가십시다. 형수님이 기다리고 계세요."

인물관계도 예시 답안

알리바바가 문을 열 때 필요하다고 알려 준 주문을 잊어버렸습니다.

가이드 tip　질문의 의도

답변으로 나올 수 있는 4개의 문장은 카심이 도둑에게 잡혀서 목숨을 잃는 상황을 재연하도록 구성돼 있습니다.

> ① 이야기를 전환하는 문장 따라 쓰기 → ② 카심과 도둑의 상황 확인하기 → ③ 도둑이 카심에게 한 행동과 그 이유 파악하기 → ④ 자신이라면 어떻게 할지 상상하기

를 통해 도둑들이 카심을 잡아서 목숨을 빼앗은 과정을 원인과 결과에 따라 정리해 볼 수 있도록 이끌어 주세요.

읽기 전 생각해 볼 것들

동화를 읽기 전 아이와 함께 제목, 삽화, 표시된 문장 등을 보면서 어떤 내용이 펼쳐질지 유추해 보세요.

1. 제목과 삽화를 보고 어떤 이야기가 펼쳐질지 유추해 볼까요?

2. 이전 이야기를 떠올려 보고, 왜 카심이 죽었을지 생각해 볼까요?

3. 동화 속 보라색 글씨의 주문을 외친 사람이 누구일지 유추해 볼까요?

참고하세요　본책 p.63 정답 예시

1 [이야기와 만나는 문장 쓰기] 이야기가 전환되는 문장을 따라 써 봅니다. (왼쪽 보라색 문장 따라 쓰기)

2 [이해하는 문장 쓰기] 카심과 도둑의 상황을 온전히 이해했는지 확인합니다.

예시 도둑들은 바위 안쪽에 갇혀 있던 카심을 붙잡았습니다.

3 [생각을 발견하는 문장 쓰기] 동화 속 상황을 떠올려 보고 도둑들의 행동에 대한 이유를 생각해 봅니다.

예시 1 도둑들은 카심이 도둑이라고 생각해서 처벌했습니다.
예시 2 도둑들은 카심이 다른 사람에게 보물 이야기를 할까 봐 목숨을 빼앗았습니다.

4 [상상하는 문장 쓰기] 내가 도둑이라면 카심에게 어떻게 했을지 자유롭게 상상해 봅니다.

예시 1 내가 도둑이라면 어떻게 바위 문을 열었는지 물어보겠습니다.
예시 2 내가 도둑이라면 카심을 살려 주고 부하로 삼겠습니다.

[모아쓰기] 네 개의 문장을 이어서 하나의 문단을 완성합니다.

예시 1 "열려라, 참깨!"
도둑들은 바위 안쪽에 갇혀 있던 카심을 붙잡았습니다. 도둑들은 카심이 도둑이라고 생각해서 처벌했습니다. 내가 도둑이라면 어떻게 바위 문을 열었는지 물어보겠습니다.

예시 2 "열려라, 참깨!"
도둑들은 바위 안쪽에 갇혀 있던 카심을 붙잡았습니다. 도둑들은 카심이 다른 사람에게 보물 이야기를 할까 봐 목숨을 빼앗았습니다. 내가 도둑이라면 카심을 살려 주고 부하로 삼겠습니다.

가이드의 읽을거리 ● 본문의 "열려라, 참깨!"는 문을 여는 주문으로 세계에서 가장 유명한 주문입니다. 전 세계에는 상황별로 유명한 주문들이 있습니다. 케이팝 제목으로 유명해진 '아브라카다브라'는 '말한 대로 이루어지리다'라는 뜻의 고대 히브리어입니다. 디즈니 애니메이션 〈라이온킹〉에 나오는 '하쿠나 마타타'는 스와힐리어로 '걱정하지 마, 다 잘될 거야'라는 뜻을 가지고 있습니다. 우리나라에서 가장 유명한 주문으로 '수리수리 마수리'가 있지요. '수리수리 마하수리'라고도 하는 이 주문은 사실 마법 주문이 아니라 불교 경전인 《천수경》의 첫 구절이랍니다. 원래는 '수리수리 마하수리 수수리 사바하'로 이 구절을 암송하면 입으로 지은 죄를 씻을 수 있다고 믿는다고 합니다.
이처럼 동화나 이야기 속에서 무심코 넘겼던 주문 중 실제 생활에서 가져온 경우도 많이 있는데요. 또 다른 예시는 없는지 아이들과 함께 찾아보는 시간을 가져 보세요. 재미있는 독후 활동이 될 것입니다.

지혜로운 모르지아나의 활약

알리바바는 곧장 카심의 집으로 갔어요. 똑똑, 문을 두드리자 '모르지아나'라는 여자 노예가 문을 열어 주었지요. 알리바바는 심각한 얼굴로 모르지아나에게 말했어요.

"네 주인님이신 카심이 돌아가셨다. 지금부터 너는 그가 병으로 죽은 것처럼 위장해야 한다."

"알았습니다. 맡겨만 주세요!"

모르지아나는 약재상으로 가서 한숨을 푹푹 쉬며 말했답니다.

"제 주인님께서 매우 편찮으세요. 병이 깊은 환자들이 먹는 약을 주세요."

다음 날에도 모르지아나는 약재상에 가서 눈물을 흘리며 약을 받아 왔지요. 자연스럽게 마을 사람들은 카심이 다 죽어 간다고 생각했어요. 그래서 그다음 날, 카심의 집에서 곡소리가 흘러나와도 아무도 놀라거나 의아해하지 않았어요. 또한 모르지아나는 알리바바가 카심의 장례식을 잘 치를 수 있도록 도왔어요.

한편, 40명의 도둑은 카심의 시신과 금화 자루가 사라진 것을 발견했어요. 모두 알리바바가 도둑들 몰래 나귀 등에 싣고 간 것이었지요.

"누군가가 우리 비밀을 알아챈 것이 틀림없다. 당장 그자를 찾아서 죽여야 해. 그러지 않으면 우리 보물을 몽땅 도둑맞을지도 몰라!"

두목의 말에 도둑 하나가 손을 번쩍 들고 나섰어요.

"제가 마을로 내려가 우리 보물을 훔쳐 간 놈을 찾아내겠습니다!"

"좋다. 하지만 만약 실패하면 네 목숨을 내놓아야 할 것이야!"

"우리 모두를 위해 기꺼이 목숨을 걸겠습니다."

도둑은 평범한 마을 사람처럼 변장하고 마을로 내려갔어요. 요 며칠 사이에 마을에서 일어난 일을 알아보다가 카심이 갑자기 세상을 떠났다는 이야기를 듣게 되었지요. 게다가 카심의 동생 알리바바가 장례를 맡아 치렀다는 사실도 알아낼 수 있었습니다.

'알리바바가 범인이다! 그 녀석이 시신과 보물을 가져간 게 분명해.'

도둑은 알리바바의 집을 알아내서 대문 앞에 표시했어요. 그런 다음 두목과 다른 도둑들에게 이 사실을 알리려고 잽싸게 돌아갔어요. 그런데 마침 카심 대신 알리바바의 노예가 된 모르지아나가 도둑이 남긴 표시를 발견했지 뭐예요? 모르지아나는 곰곰이 생각하다가 근처 집들의 대문에도 똑같은 표시를 했어요. 그 바람에 문에 표시를 했던 도둑이 우르르 몰고 온 도둑 떼는 여기저기 있는 표시를 보고 몹시 혼란스러워했어요.

"대체 어디란 말이냐! 왜 똑같은 표시가 이 집에도, 저 집에도 있는 거냐!"

결국 도둑 떼는 알리바바의 집을 찾지 못한 채 돌아가야 했지요. 두목은 잔뜩 화가 나서 마을로 안내한 도둑의 목을 쳤어요. 다른 도둑을 시켜 다시 염탐을 보냈지만, 이번에도 모르지아나가 알아채는 바람에 실패했답니다. 그러자 두목은 화가 머리끝까지 치솟았어요.

"또 실패했다고? 에라, 이 쓸모없는 녀석의 목을 쳐라!"

이번에는 자꾸 실패하는 부하 도둑들 대신 두목이 직접 나서기로 했어요. 두목은 알리바바의 집을 알아낸 다음 동굴로 돌아갔어요. 그리고 부하 도둑들을 모두 불러 말했어요.

"내게 좋은 생각이 있다. 모두 내 말대로 잘 따라 하기를 바란다."

"네! 말씀만 하십시오!"

인물관계도 예시 답안

노예인 모르지아나의 도움을 받았습니다.

답변으로 나올 수 있는 4개의 문장은 모르지아나가 알리바바를 구하는 방법을 순서대로 따라가도록 구성되어 있습니다.

> ① 주인공의 위기가 시작되는 문장 따라 쓰기 → ② 모르지아나가 위험을 알아차린 방법 확인하기 → ③ 모르지아나의 행동과 그 이유 파악하기 → ④ 자신이라면 어떻게 할지 상상하기

를 통해 모르지아나가 알리바바를 위험에서 구해 준 과정을 자연스럽게 이해할 수 있도록 도와주세요.

읽기 전 생각해 볼 것들

동화를 읽기 전 아이와 함께 제목, 삽화, 표시된 문장 등을 보면서 어떤 내용이 펼쳐질지 유추해 보세요.

1. 제목과 삽화를 보고 어떤 이야기가 펼쳐질지 유추해 볼까요?

2. 이전 이야기를 떠올려 보고, 삽화에 등장하는 인물들의 관계를 유추해 볼까요?

3. 삽화 속 문에 한 표시처럼 물건이나 위치를 표시하는 방법으로는 어떤 것이 있을까요?

참고하세요　본책 p.67 정답 예시

1 〔이야기와 만나는 문장 쓰기〕 주인공의 위기가 시작되는 문장을 따라 써 봅니다. (왼쪽 보라색 문장 따라 쓰기)

2 〔이해하는 문장 쓰기〕 모르지아나는 알리바바가 위험에 처한 상황을 어떻게 알아차렸는지 확인합니다.

〔예시〕 모르지아나는 도둑이 알리바바의 집 대문에만 남겨 둔 표시를 발견했습니다.

3 〔생각을 발견하는 문장 쓰기〕 모르지아나가 어떻게 행동했는지 찾아보고 그 이유를 생각해 봅니다.

〔예시 ❶〕 모르지아나는 표시 때문에 알리바바가 위험해질 수도 있다고 생각했습니다.

〔예시 ❷〕 모르지아나는 표시를 남긴 사람이 알리바바의 집을 찾지 못하게 하려고 했습니다.

4 〔상상하는 문장 쓰기〕 모르지아나가 자신을 구했다는 것을 알게 된 알리바바가 어떻게 했을지 자유롭게 상상해 봅니다.

〔예시 ❶〕 내가 알리바바라면 모르지아나에게 보물을 나눠 주겠습니다.

〔예시 ❷〕 내가 알리바바라면 모르지아나에게 고맙다고 인사를 하겠습니다.

• 모아쓰기 네 개의 문장을 이어서 하나의 문단을 완성합니다.

〔예시 ❶〕 "제가 마을로 내려가 우리 보물을 훔쳐 간 놈을 찾아내겠습니다!"
모르지아나는 도둑이 알리바바의 집 대문에만 남겨 둔 표시를 발견했습니다. 모르지아나는 표시 때문에 알리바바가 위험해질 수도 있다고 생각했습니다. 내가 알리바바라면 모르지아나에게 보물을 나눠 주겠습니다.

〔예시 ❷〕 "제가 마을로 내려가 우리 보물을 훔쳐 간 놈을 찾아내겠습니다!"
모르지아나는 도둑이 알리바바의 집 대문에만 남겨 둔 표시를 발견했습니다. 모르지아나는 표시를 남긴 사람이 알리바바의 집을 찾지 못하게 하려고 했습니다. 내가 알리바바라면 모르지아나에게 고맙다고 인사를 하겠습니다.

가이드의 읽을거리 ● 도둑이 집 앞에 남긴 표시는 일종의 암호라고 할 수 있지요. 암호란 당사자끼리만 알아볼 수 있게 서로 약속된 방식으로 의사를 전달하는 기호를 말합니다. 모르지아나는 암호를 공유한 당사자는 아니지만 주의 깊은 관찰력으로 도둑의 암호를 찾아냈습니다. 그리고 모든 집에 암호를 똑같이 표시하면서 암호를 무력하게 만들었습니다. 때로는 우리가 주변을 잘 살피는 것만으로도 종종 위험을 피할 수 있기도 합니다.

모르지아나처럼 주변을 꼼꼼히 살폈다거나 평소와 다른 점을 발견했을 때 지혜롭게 대처했던 경험에 대해서 아이와 함께 이야기를 나누어 보세요. 스스로 주변 환경과 조건을 잘 인식할 수 있게 되면 예상치 못하게 발생하는 다양한 문제에 현명하게 대처할 수 있는 문제 해결 능력을 기르는 데 도움이 될 것입니다.

기름 장수로 변장한 두목

두목은 부하 도둑들에게 마을로 가서 준비물을 구해 오라고 명령했어요.

"노새 19마리와 커다란 가죽 자루 38개가 필요하다. 가죽 자루는 항아리 모양이어야 하고, 그중 하나에만 기름을 가득 채워 와라. 나머지는 그냥 빈 채로 가져오면 돼."

두목의 명령에 따라 부하 도둑들은 곧장 마을로 출발! 이틀 만에 모든 준비를 마칠 수 있었지요. 두목은 죽은 두 명을 빼고 남은 부하 도둑 37명에게 빈 자루 1개에 1명씩 들어가라고 했어요. 그러고 나서 노새 19마리에 각각 자루를 2개씩 매달았지요. 자신은 기름이 든 자루와 부하 도둑이 들어간 자루를 매단 노새에 올라탔고요. 두목은 앞장서서 노새 떼를 이끌고 마을로 향했어요. 어느덧 해가 뉘엿뉘엿 저무는 저녁이었지요. 두목은 알리바바네 집 문을 두드렸어요.

"기름 장수입니다. 먼 길을 가다가 그만 날이 저물었으니 댁에서 하룻밤만 묵게 해 주시오."

알리바바는 흔쾌히 두목을 집 안으로 들어오게 했어요. 맛있는 저녁밥을 대접하고 잘 곳도 마련해 주었지요. 두목은 음흉하게 웃으며 생각했어요.

'조금만 기다려라. 오늘 밤 내 손으로 네 목숨을 거둬 가마.'

두목은 방으로 가다가 슬그머니 자루들이 놓인 마당으로 나갔어요.

"잠시 뒤에 내가 돌멩이를 던지면 한꺼번에 튀어나와라. 이 집을 싹 쓸어버리자."

말을 마친 두목은 얼른 방으로 들어갔지요. 쉬는 척하며 불을 끄고는 조용히 때를 기다렸답니다. 그런데 그때, 하필이면 모르지아나가 기름을 가지러 마당으로 나왔지 뭐예요? 모르지아나가 부하 도둑들이 숨은 가죽 자루 근처로 다가가자 말소리가 들렸어요.

"두목님, 지금 나가면 됩니까?"

모르지아나는 소스라치게 놀랐어요. 가죽 자루 속에 기름이 아니라 사람이 들어 있을 줄은 상상도 못 했으니까요. 하지만 모르지아나는 짐짓 모르는 척하고 침착하게 대답했어요.

"아직 아니다. 내가 부를 때까지 조금만 더 기다려라."

모르지아나는 기름이 들어 있는 자루를 찾아서 얼른 부엌으로 가져갔어요. 커다란 그릇과 주전자에 기름을 나누어 붓고 펄펄 끓인 다음 다시 마당으로 들고 나왔어요. 그러고는 부하 도둑들이 들어 있는 가죽 자루마다 끓는 기름을 쫙쫙 부었답니다.

"악, 뜨거워! 도둑 살려!"

깜짝 놀란 부하 도둑들이 가죽 자루에서 펄쩍펄쩍 뛰쳐나오더니 뒤도 돌아보지 않고 쌩 도망쳤어요. 뛰어난 기지로 부하 도둑 37명을 쫓아낸 모르지아나는 주전자를 다시 부엌에 가져다 놓고 조용히 마당을 지켜보았지요. 잠시 뒤, 슬금슬금 마당으로 나오는 두목이 보였어요. 두목은 돌멩이를 여러 차례 던져도 반응이 없자 직접 부하 도둑들을 불러낼 작정이었어요. 그러나 마당에는 부하 도둑들이 죄다 달아나고 텅 빈 가죽 자루들만 덜렁 남아 있었지요.

"아아, 이게 대체 어찌 된 일이더냐. 부하들을 모두 잃었으니 내 계획도 실패다."

두목은 한숨을 푹 쉬고는 그대로 담을 넘어 사라졌어요. 이튿날 아침, 모르지아나는 그동안 있었던 일을 알리바바에게 모두 이야기해 주었어요. 알리바바를 노리고 대문에 표시했던 일부터 간밤에 기름 장수로 변장하고 숨어들었던 도둑을 내쫓은 이야기까지 전부 설명했답니다. 그러자 알리바바가 크게 기뻐하며 모르지아나에게 큰 상을 내렸어요.

"네 지혜와 용기가 나를 죽음의 위기에서 구했구나. 진심으로 고맙다."

두목은 기름 장수로 변장했습니다.

가이드 tip 질문의 의도

답변으로 나올 수 있는 4개의 문장은 모르지아나가 용기와 지혜로 도둑들을 물리친 과정을 차근차근 따라가도록 구성되었습니다.

① 모르지아나가 도둑들이 숨어든 것을 알아차린 대화문 따라 쓰기 →
② 모르지아나의 행동 확인하기 → ③ 계획이 실패한 두목의 심정 헤아리기 → ④ 자신이라면 어떻게 할지 상상하기

를 통해 이야기의 흐름을 파악할 수 있도록 지도해 주세요.

읽기 전 생각해 볼 것들

동화를 읽기 전 아이와 함께 제목, 삽화, 표시된 문장 등을 보면서 어떤 내용이 펼쳐질지 유추해 보세요.

1. 제목을 보고 도둑 두목이 기름 장수로 변장한 이유를 생각해 볼까요?
2. 삽화 속 도둑들은 왜 자루 안에 들어가 있게 됐을지 유추해 볼까요?
3. 삽화 속 모르지아나는 도둑이 숨어 있는 자루에 무엇을 하는 중인지 상상해 볼까요?

참고하세요 본책 p.71 정답 예시

1 이야기와 만나는 문장 쓰기 모르지아나가 도둑들이 숨어 있다는 정황을 알아차린 대화문을 따라 써 봅니다. (왼쪽 보라색 문장 따라 쓰기)

2 이해하는 문장 쓰기 이야기 속 상황을 이해하고 모르지아나가 어떻게 했는지 행동을 확인합니다.

예시 모르지아나는 가죽 자루 속에 숨은 부하들을 알아차리고 두목인 척하며 속인 다음 끓는 기름을 부어 쫓아냈습니다.

3 생각을 발견하는 문장 쓰기 계획이 실패한 걸 알게 된 두목의 상황을 파악하고 두목이 어떤 심정일지 생각해 봅니다.

예시1 두목은 빈 가죽 자루를 보고 부하 도둑들에게 깊은 배신감을 느꼈을 것입니다.
예시2 두목은 빈 가죽 자루를 보고 하늘이 무너지는 기분이 들었을 것입니다.

4 상상하는 문장 쓰기 자신이 가죽 자루 안에 도둑이 있다는 것을 알아차린 모르지아나라면 어떻게 했을지 상상해 봅니다.

예시1 내가 모르지아나라면 도둑들이 나오지 못하게 자루 입구를 모두 꽁꽁 묶어 둘 것입니다.
예시2 내가 모르지아나라면 경찰을 불러 모두 잡아가게 하겠습니다.

모아쓰기 네 개의 문장을 이어서 하나의 문단을 완성합니다.

예시1 "두목님 지금 나가면 됩니까?"
모르지아나는 가죽 자루 속에 숨은 부하들을 알아차리고 두목인 척하며 속인 다음 끓는 기름을 부어 쫓아냈습니다. 두목은 빈 가죽 자루를 보고 부하 도둑들에게 깊은 배신감을 느꼈을 것입니다. 내가 모르지아나라면 도둑들이 나오지 못하게 자루 입구를 모두 꽁꽁 묶어 둘 것입니다.

예시2 "두목님 지금 나가면 됩니까?"
모르지아나는 가죽 자루 속에 숨은 부하들을 알아차리고 두목인 척하며 속인 다음 끓는 기름을 부어 쫓아냈습니다. 두목은 빈 가죽 자루를 보고 하늘이 무너지는 기분이 들었을 것입니다. 내가 모르지아나라면 경찰을 불러 모두 잡아가게 하겠습니다.

가이드의 읽을거리 ● 본문에서 끓는 기름에 화상을 입은 도둑들이 어떻게 대처해야 할지 아이와 함께 이야기를 나누며 화상의 위험성과 응급 처치 방법을 알려 주는 기회로 활용해 보세요. 색다른 독후 활동이 될 것입니다. 끓는 물이나 기름, 불 등에 화상을 입으면 바로 흐르는 찬물로 식히되 너무 센 수압이나 얼음같이 차가운 온도를 피해야 합니다. 옷이나 수건 등이 피부를 감싸고 있는 상태였다면 억지로 벗거나 떼어내지 않도록 조심하고요. 화상 부위에는 깨끗한 거즈나 수건을 대서 보호한 다음, 병원으로 달려가야 합니다.
물론 가장 좋은 방법은 예방이지요! 평소 아이가 끓는 물이나 기름, 불 등을 조심할 수 있도록 단단히 주의를 주세요. 화상을 입으면 많이 아프고 힘들다는 사실도 함께 알려 주세요.

알리바바를 구한 모르지아나

부하 도둑을 모두 잃은 두목은 혼자 숲으로 도망치며 이를 바득바득 갈았어요.

"알리바바 네 이놈! 널 절대로 용서하지 않겠다. 이 치욕을 반드시 갚아 주겠어!"

두목은 알리바바에게 복수하기 위해 새로운 계획을 세웠어요. 우선 알리바바의 형 카심이 살던 집 맞은편에 가게 하나를 얻었지요. 그리고 비단 장수로 변장하여 비단을 팔기 시작했어요.

'내가 여기서 비단 장사를 하는 척하는 이유가 있지. 바로 맞은편 집에 알리바바의 아들이 살고 있기 때문이야. 일단 알리바바의 아들에게서 환심을 사 두면 자연스럽게 알리바바에게 접근할 수 있겠지? 후후, 조금만 기다려라!'

두목은 알리바바의 아들과 친해지려고 수단과 방법을 가리지 않았어요. 마주치면 반갑게 인사했고 틈만 나면 선물을 챙겨 주며 종종 저녁 식사에 초대했지요. 알리바바의 아들은 자꾸만 자신에게 호의를 베푸는 두목에게 보답하고 싶었어요. 그래서 알리바바에게 부탁한 뒤 두목을 저녁 식사에 초대했어요. 두목은 속으로 크게 기뻐했어요.

'드디어 복수할 기회가 왔다! 이날을 얼마나 기다렸던가.'

두목은 약속 시간에 맞춰 알리바바의 집으로 갔어요. 알리바바는 두목의 정체도 모르고 정중하게 맞아 주었지요. 두목도 예의 바르게 인사하며 한 가지 부탁을 했어요.

"저는 소금을 먹지 않으니 제 몫의 음식에 소금 간을 하지 말아 주십시오."

"걱정하지 마세요. 요리사에게 잘 말해 두겠습니다."

알리바바는 곧바로 하인을 시켜 두목의 말을 전했어요. 한편, 모르지아나는 소금을 빼 달라는 주문을 듣고 화들짝 놀랐어요. 얼른 나와서 주문한 손님의 얼굴을 확인했지요.

'저 사람은 얼마 전에 기름 장수로 변장했던 도둑이잖아!'

모르지아나는 두목의 정체를 금방 알아차렸어요. 이번에는 어떻게 알리바바를 위험에서 구해 낼지 고민하다가 무희로 변장했지요. 베일로 입가를 가리고 허리띠에 단검을 찬 채로 알리바바와 두목 앞으로 나와서 춤을 추기 시작했답니다. 빙그르르 빙글빙글. 우아하고 아름다운 춤사위가 펼쳐졌어요. 다들 모르지아나의 춤을 넋 놓고 바라보는 틈을 타서 모르지아나는 두목 쪽으로 다가가더니 대뜸 단검을 뽑아 두목의 목을 겨눴어요!

"꼼짝 마! 조금이라도 움직였다가는 네 목을 찌르겠다!"

모르지아나는 알리바바를 향해 큰 소리로 외쳤어요.

"알리바바 주인님, 이자는 얼마 전에 주인님의 목숨을 빼앗으려고 했던 도둑들의 두목이에요!"

알리바바와 다른 사람들은 너무 놀라서 눈이 휘둥그레졌지요. 모르지아나가 두목에게서 눈을 떼지 않은 채 차근차근 설명했어요.

"이자는 소금을 먹지 않는다고 했지요. 소금을 나누어 먹는 것은 서로가 친구라는 뜻인데요."

그제야 알리바바가 감탄하며 고개를 끄덕였어요.

"모르지아나, 네가 지혜와 용기로 날 또다시 살렸구나. 이 은혜를 꼭 보답하마."

알리바바는 모르지아나를 노예 신분에서 바로 풀어 준 다음 자신의 며느리로 삼았답니다. 아들과 모르지아나에게 성대한 결혼식을 올려 주고, 도둑들의 동굴에서 가져온 보물을 아낌없이 나누어 주었지요. 그 뒤로도 알리바바와 아들은 오래오래 행복하게 살았다고 해요. 알리바바의 후손들도 대대로 보물을 물려받으며 부유하게 잘 살았대요!

비단 장수로 위장한 두목은 알리바바의 아들과 친해지려고 했습니다.

34

답변으로 나올 수 있는 4개의 문장은 모르지아나가 알리바바의 목숨을 구하는 과정으로 구성되었습니다.

> ① 주요 사건이 시작되는 대화문 따라 쓰기 → ② 모르지아나가 두목을 발견한 뒤에 어떻게 했는지 확인하기 → ③ 모르지아나에 대한 알리바바의 심정 생각하기 → ④ 자신이라면 어떻게 할지 상상하기

를 통해 이야기의 흐름을 파악하고 자신의 생각을 밝힐 수 있도록 지도해 주세요.

읽기 전 생각해 볼 것들

동화를 읽기 전 아이와 함께 제목, 삽화, 표시된 문장 등을 보면서 어떤 내용이 펼쳐질지 유추해 보세요.

1. 제목과 삽화를 보고 어떤 이야기가 펼쳐질지 유추해 볼까요?
2. 삽화 속 인물들이 누구인지 생각해 볼까요?
3. 동화 속 보라색 글씨처럼 왜 도둑은 또 다시 변장을 했을지 생각해 볼까요?

✏️ **참고하세요** 본책 p.75 정답 예시

1 이야기와 만나는 문장 쓰기 | 주요 사건이 시작되는 대화문을 따라 써 봅니다. (왼쪽 보라색 문장 따라 쓰기)

2 이해하는 문장 쓰기 | 모르지아나는 비단 장수가 두목이라는 것을 알고 어떻게 행동했는지 확인합니다.

예시 모르지아나는 무희로 변장해 춤을 추다가 단검을 뽑아 두목의 목을 겨누었습니다.

3 생각을 발견하는 문장 쓰기 | 알리바바가 자신의 목숨을 구해준 모르지아나에게 어떤 마음을 가졌을지 생각해 봅니다.

예시 1 알리바바는 모르지아나가 아주 똑똑하고 용감하다고 생각했습니다.

예시 2 알리바바는 모르지아나에게 고마워하며 은혜를 갚아야 한다고 생각했습니다.

4 상상하는 문장 쓰기 | 자신이 변장한 두목을 알아차린 모르지아나라면 어떻게 했을지 자유롭게 상상해 봅니다.

예시 1 내가 모르지아나라면 알리바바에게 알려 두목을 붙잡겠습니다.

예시 2 내가 모르지아나라면 비단 장수를 가리키며 도둑이라고 소리치겠습니다.

모아쓰기 네 개의 문장을 이어서 하나의 문단을 완성합니다.

예시 1 '저 사람은 얼마 전에 기름 장수로 변장했던 도둑이잖아!'
모르지아나는 무희로 변장해 춤을 추다가 단검을 뽑아 두목의 목을 겨누었습니다. 알리바바는 모르지아나가 아주 똑똑하고 용감하다고 생각했습니다. 내가 모르지아나라면 알리바바에게 알려 두목을 붙잡겠습니다.

예시 2 '저 사람은 얼마 전에 기름 장수로 변장했던 도둑이잖아!'
모르지아나는 무희로 변장해 춤을 추다가 단검을 뽑아 두목의 목을 겨누었습니다. 알리바바는 모르지아나에게 고마워하며 은혜를 갚아야 한다고 생각했습니다. 내가 모르지아나라면 비단 장수를 가리키며 도둑이라고 소리치겠습니다.

가이드의 읽을거리 ● 아랍에서는 소금을 함께 먹음으로써 약속이나 계약을 보증하기도 하고 소금을 함께 먹은 사람을 친구로 여기는 풍습이 있다고 합니다. 이는 과거에 소금이 아주 귀한 조미료였기 때문입니다. 그래서 먼 옛날부터 사람들은 소금을 '하얀 금'이라고 부르며 귀하게 여겼습니다.
특히 고대인은 부패를 방지하는 소금을 변함없는 우정, 언약, 성실, 신뢰, 충성, 맹세의 상징으로 여겼습니다. 그래서 유대인은 귀한 손님에게 소금 그릇이나 소금 잔, 소금으로 조리한 음식을 만들어 대접했고요. 예배를 드릴 때에도 소금을 바치거나 불에 태워 바치는 제물에도 소금을 뿌렸습니다. 중세 유럽에서도 소금을 귀하게 여겨 귀한 손님이 오면 소금으로 조리한 음식을 대접했다고 합니다. 이런 내용을 알고 있으면 모르지아나의 행동 배경을 이해하는 데 더욱 도움이 되겠지요. 이야기를 읽을 때 당시의 상황에 대해서도 함께 이야기 나눠 보세요.

신드바드의 첫 번째와 두 번째 모험

옛날에 신드바드라는 젊은이가 있었어요. 신드바드는 장사할 생각으로 다른 상인들과 함께 배에 물건을 싣고 떠났답니다. 하루는 신드바드가 사람들이랑 작은 섬에 올라서 섬 구경을 하는데요. 갑자기 발밑이 출렁! 섬이 움직이지 않겠어요?

"으악! 바다 괴물이다. 사람 살려!"

맙소사, 작은 섬이 아니라 바다 괴물이었대요! 사람들은 너도나도 바다로 뛰어들어 정신없이 배로 헤엄쳐 갔어요. 딱 한 사람, 신드바드만 빼고요. 배는 허우적대는 신드바드를 보지 못하고 쏜살같이 사라졌어요. 혼자 남은 신드바드는 파도 위에 둥실둥실 하염없이 떠내려가다가 어느 외딴섬에 닿았어요. 그곳에서 신드바드는 운 좋게도 마하라자 왕의 마부들과 딱 마주쳤어요. 마부들 덕분에 마하라자 왕이 있는 수도까지 갈 수 있었답니다. 마침 수도의 위치가 바닷가라 근처에 아주 큰 항구가 있었어요. 신드바드는 날마다 항구로 나가 다양한 나라에서 온 사람들과 이야기를 나누며 지냈어요.

그러던 어느 날, 신드바드는 자기가 놓쳤던 배가 항구에 들어와 있는 모습을 보았어요. 냉큼 달려가서 배에 실려 있던 짐을 찾았지요.

"오, 다행이다! 이제 장사를 할 수 있겠어."

신드바드는 가져왔던 물건과 그곳의 특산물을 맞바꿨어요. 다시 배를 타고 바그다드로 돌아갈 때도 들르는 곳마다 특산물을 좋은 값에 팔아 큰돈을 벌었답니다.

신드바드가 바그다드로 돌아오고 한참의 시간이 지난 다음이었어요. 신드바드는 또다시 상인들과 배에다 물건을 잔뜩 싣고 장사하러 떠났어요. 그런데 항해 도중에 들린 작은 섬에서 낮잠을 자다가 그만 배를 놓쳤지 뭐예요. 신드바드는 섬에서 빠져나갈 방법을 찾아 헤매다 희고 크고 둥그런 물체를 발견했어요. 물체 가까이 다가가려 하자 갑자기 하늘이 어두워지면서 커다란 새가 내려앉았지요.

"이건 새의 알이었구나. 커다란 새를 이용해서 이 섬에서 빠져나가겠어!"

신드바드는 알 옆에 착 붙어 있다가 새가 내려오는 순간을 노려 터번으로 자기 몸을 새의 발에 묶었지요. 잠시 후, 새가 날아오르자 신드바드도 하늘 위로 훅! 새는 펄럭펄럭 날아서 신드바드를 어느 계곡에 툭 떨구었어요. 그곳은 큰 뱀이 득시글거리는 다이아몬드 계곡이었어요!

"세상에! 크고 아름다운 다이아몬드가 이렇게나 많다니 정말 놀랍군."

높은 산으로 둘러싸인 좁은 계곡은 경사가 매우 가팔랐어요. 도저히 사람의 힘으로 오를 수 없을 정도였지요. 신드바드가 한숨을 푹푹 쉬며 막막해하는데 갑자기 머리 위에서 고깃덩이가 툭툭 떨어지지 뭐예요? 신드바드는 놀라서 눈이 휘둥그레졌어요.

"고깃덩이로 다이아몬드를 가져온다던 말이 사실이었어?"

예전에 들은 이야기에 따르면 다이아몬드 계곡에 고깃덩이를 던지면 다이아몬드가 부드러운 살점에 콱콱 박히는데요. 힘센 독수리가 이 고깃덩이를 물고 둥지로 가져가면, 사람들이 독수리를 내쫓고 다이아몬드를 차지한다지요.

"드디어 이 계곡에서 빠져나갈 방법을 알아냈어!"

신드바드는 다이아몬드를 잔뜩 주워서 가방에 넣었어요. 그러고는 터번으로 고깃덩이 하나를 등에 묶고 땅바닥에 납작 엎드렸지요. 곧 독수리들이 날아와 고깃덩이와 신드바드를 하늘 위로 끌어올렸어요. 둥지까지 날아간 신드바드는 무사히 밖으로 나와서 집으로 돌아갔답니다. 그리고 다이아몬드를 팔아 큰 부자가 되었지요.

인물관계도 예시 답안

섬은 사실 바다 괴물이었습니다.

🔵 가이드 tip 질문의 의도

답변으로 나올 수 있는 4개의 문장은 신드바드가 섬에서 빠져나가려고 애쓰는 상황을 생생하게 파악할 수 있도록 구성돼 있습니다.

> ① 이야기의 전개 방향이 드러나는 대화문 따라 쓰기 → ② 신드바드의 모험심 확인하기 → ③ 신드바드의 상황과 심정 생각해 보기 → ④ 자신이라면 어떻게 할지 상상하기

를 통해 신드바드가 위기를 어떻게 이겨 낼지 아이가 신드바드 입장에서 생각해 볼 수 있도록 이끌어 주세요.

읽기 전 생각해 볼 것들

동화를 읽기 전 아이와 함께 제목, 삽화, 표시된 문장 등을 보면서 어떤 내용이 펼쳐질지 유추해 보세요.

1. 제목과 삽화를 보고 신드바드가 어떤 모험을 했을지 유추해 볼까요?

2. 동화 속 보라색 글씨는 신드바드가 어떤 상황에서 한 말일지 생각해 볼까요?

3. 옛날에는 왜 배로 모험을 떠나야 했는지 생각해 볼까요?

📝 참고하세요 본책 p.81 정답 예시

1 이야기와 만나는 문장 쓰기 이야기의 다음 전개 방향이 드러나는 대화문을 따라 써 봅니다. (왼쪽 보라색 문장 따라 쓰기)

2 이해하는 문장 쓰기 신드바드가 낮잠을 자다가 일행을 놓친 섬에서 빠져나간 방법을 확인합니다.

예시 신드바드는 터번을 이용해서 새의 발에 매달려 함께 날아올랐습니다.

3 생각을 발견하는 문장 쓰기 신드바드가 다이아몬드 계곡에 떨어진 뒤 어떤 생각을 했는지 유추해 봅니다.

예시 1 다이아몬드 계곡에 떨어진 신드바드는 크고 아름다운 다이아몬드를 가져갈 방법을 고민했습니다.

예시 2 다이아몬드 계곡에 떨어진 신드바드는 사람이 오를 수 없을 만큼 가파른 경사를 보고 한숨을 푹푹 쉬었습니다.

4 상상하는 문장 쓰기 자신이 낯선 곳에 혼자 남았을 때 어떻게 탈출할지 자유롭게 상상해 봅니다.

예시 1 내가 섬에 혼자 남았다면 높은 곳에 SOS 깃발 세워 두고 다른 배를 기다리겠습니다.

예시 2 내가 섬에 혼자 남았다면 나무를 잘라서 섬을 떠날 뗏목을 만들겠습니다.

모아쓰기 네 개의 문장을 이어서 하나의 문단을 완성합니다. 문장이 매끄럽게 연결되도록 적절한 접속어를 활용하게 도와주세요.

예시 1 "커다란 새를 이용해서 이 섬에서 빠져나가겠어!"
신드바드는 터번을 이용해서 새의 발에 매달려 함께 날아올랐습니다. (그 뒤에) 다이아몬드 계곡에 떨어진 신드바드는 크고 아름다운 다이아몬드를 가져갈 방법을 고민했습니다. 내가 섬에 혼자 남았다면 높은 곳에 SOS 깃발 세워 두고 다른 배를 기다리겠습니다.

예시 2 "커다란 새를 이용해서 이 섬에서 빠져나가겠어!"
신드바드는 터번을 이용해서 새의 발에 매달려 함께 날아올랐습니다. (그 뒤에) 다이아몬드 계곡에 떨어진 신드바드는 사람이 오를 수 없을 만큼 가파른 경사를 보고 한숨을 푹푹 쉬었습니다. 내가 섬에 혼자 남았다면 나무를 잘라서 섬을 떠날 뗏목을 만들겠습니다.

가이드의 읽을거리 ● 본문에 등장하는 거대한 새는 아라비아 전설 속 상상의 대괴조 로크입니다. 로크는 〈알라딘과 요술 램프〉에서도 언급되었지요(본문 50쪽 참고). 마르코 폴로가 쓴 《동방견문록》에도 로크에 대한 이야기가 나옵니다. 특정 시기가 되면 인도양의 마다가스카르 섬에 독수리와 닮았지만 덩치는 훨씬 큰 새가 날아온다고 하는데요. 바로 이 새를 로크라고 봅니다. 로크는 코끼리를 발톱으로 낚아챌 만큼 힘이 아주 세서 공중에서 코끼리를 떨어뜨려 잡아먹는다고 합니다.
물론 현실에서 로크만큼 거대한 새를 찾아볼 수는 없습니다. 마다가스카르에서 화석으로 발견되는 '코끼리새'는 최대 키 3m 이상, 몸무게는 600kg이 넘을 정도로 큰 새로 추정되지만 날지는 못했다고 합니다. 현존하는 새 가운데 날개가 가장 큰 알바트로스(신천옹과)는 몸길이가 3~4m 정도 됩니다. 아마 옛사람들은 이와 같은 대형 조류를 보고 상상력을 더해 로크와 같은 신비로운 대괴조를 떠올렸겠지요.

신드바드의 세 번째 모험

신드바드가 바그다드로 돌아온 지도 한참이 지났어요. 신드바드는 날마다 이어지는 평온한 생활에 지루함을 느꼈지요. 그래서 세 번째 항해를 떠나기로 했어요.

"짜릿한 모험의 세계가 날 부르는구나! 이번에는 과연 어떤 모험이 펼쳐질까?"

두근두근 설레는 마음으로 출발! 그런데 이게 웬일이에요? 항해를 떠나자마자 거센 폭풍을 만났지 뭐예요. 신드바드가 탄 배는 파도에 휩쓸려 떠돌다가 어느 작은 섬에 닿았어요. 선장이 걱정스러운 목소리로 말했지요.

"이 섬에는 키가 작은 털북숭이 야만인이 삽니다. 여러분은 절대 그들의 털끝 하나라도 건드려서는 안 됩니다. 자칫 잘못했다가는 벌 떼처럼 달려들어 우리를 죽일 테니까요."

과연 선장이 말한 대로였어요. 신드바드와 선원들은 야만인들을 피해 섬 안쪽으로 달아났어요. 그곳에는 거대한 궁전이 있었는데요. 문을 열고 들어가자 한쪽에 사람들의 뼈가, 다른 한쪽에는 고기를 굽는 쇠꼬챙이가 잔뜩 쌓여 있었지요.

"설마 사람을 잡아먹은 거야? 우리도 잡아먹히면 어쩌지?"

신드바드와 선원들이 겁에 질려 떨고 있는데 삐거덕 문이 열렸어요.

"일단 숨읍시다!"

신드바드는 선원들과 함께 재빨리 구석에 숨었어요. 곧 키가 크고 눈이 하나밖에 없는 거인이 나타났어요. 거인은 주변을 둘레둘레 살피다가 이내 드러누워 잠이 들었어요. 그때를 놓칠세라 신드바드와 선원들은 살금살금 바닷가로 도망쳤답니다.

"서둘러 뗏목을 만듭시다. 어서 이 섬에서 빠져나가야 해요!"

신드바드와 선원들이 부랴부랴 뗏목을 만들고 있는데 어디선가 쿵쿵 소리가 들렸어요. 잠에서 깬 거인이 다른 거인 둘을 데리고 달려오고 있었지요! 신드바드의

선원들은 너무 놀라 급히 뗏목에 올라탔어요. 그 모습을 본 거인들은 돌을 집어서 마구 던져 댔지요. 휙! 휙! 휙! 돌멩이가 정신없이 날아들었어요. 다행히 신드바드가 탄 뗏목은 돌멩이를 피해 바다로 나갈 수 있었지만요. 안타깝게도 다른 뗏목은 그렇지 못했어요. 퍽! 퍽! 퍽! 돌멩이에 맞아 뗏목이 부서지면서 선원들이 물에 빠졌거든요.

겨우 살아남은 신드바드와 선원들은 뗏목을 타고 둥실둥실 어느 섬까지 떠밀려 갔어요. 너무 지쳐서 탈진한 신드바드와 선원들은 쓰러지다시피 잠들었지요. 그런데 잠결에 이상한 소리가 들리지 않겠어요? 쉭쉭, 쉭쉭. 눈을 떠 보니 세상에, 맙소사! 엄청나게 크고 긴 뱀이 기어 오고 있었어요! 신드바드와 선원들은 혼비백산하여 나무 위로 기어오르려고 했어요. 하지만 신드바드 빼고 선원 두 명은 끝내 뱀에게 잡아먹히고 말았답니다.

혼자 나무 꼭대기로 도망친 신드바드는 뜬눈으로 밤을 지새웠어요. 날이 밝아 뱀이 스르륵 사라지자 잽싸게 내려와서 바닷가로 달려갔지요. 마침 바다 위에 떠 있는 배 한 척이 보였어요. 신드바드는 터번을 풀어 힘차게 휘두르며 고래고래 소리를 질렀어요.

"여기 사람 있어요! 살려 주세요!"

"어? 저기 사람 아냐? 어서 보트를 보내서 구해 오자!"

무사히 섬에서 탈출하여 배에 오른 신드바드는 선장을 만나고 깜짝 놀랐어요. 그는 바로 신드바드의 두 번째 항해에서 신드바드를 두고 갔던 선장의 배였어요.

"자네의 짐을 맡아 두고 있었네! 이제라도 주인에게 돌려줄 수 있어 다행이야!"

신드바드의 두 번째 항해에서 신드바드를 두고 갔던 배의 선장이었기 때문입니다.

답변으로 나올 수 있는 4개의 문장은 신드바드와 일행이 키가 작은 털북숭이 야만인을 만나서 도망치는 상황을 상상해 보도록 구성되었습니다.

> ① 주요 사건의 시작을 알리는 대화문 따라 쓰기 → ② 선장 말의 의도 이해하기 → ③ 인물의 행동과 그 이유를 파악하기 → ④ 자신이라면 어떻게 할지 상상하여 쓰기

를 통해 이야기의 흐름을 이해하고 이를 자신의 생각으로까지 연결하는 과정을 학습할 수 있도록 이끌어 주세요.

읽기 전 생각해 볼 것들

동화를 읽기 전 아이와 함께 제목, 삽화, 표시된 문장 등을 보면서 어떤 내용이 펼쳐질지 유추해 보세요.

1. 신드바드는 왜 또 다시 모험을 떠났을지 생각해 볼까요?
2. 삽화를 보고 어떤 이야기가 펼쳐질지 유추해 볼까요?
3. 동화 속 보라색 문장에 등장하는 '키가 작은 털북숭이 야만인'은 삽화 속 누구일지 상상해 볼까요?

✏️ 참고하세요 본책 p.85 정답 예시

1 [이야기와 만나는 문장 쓰기] 주요 사건의 시작을 알리는 대화문을 따라 써 봅니다. (왼쪽 보라색 문장 따라 쓰기)

2 [이해하는 문장 쓰기] 선장이 야만인을 건드리지 말라고 한 이유를 확인합니다.

> **예시** 선장은 야만인들을 건드리면 벌 떼처럼 달려들어 사람들을 죽일 거라고 했습니다.

3 [생각을 발견하는 문장 쓰기] 신드바드와 선원들이 키가 작은 털북숭이 야만인에게서 도망친 이유가 무엇인지 생각해 봅니다.

> **예시 1** 신드바드와 선원들은 선장의 말이 생각나서 겁을 먹고 도망쳤습니다.
> **예시 2** 신드바드와 선원들은 야만인들이 너무 힘세고 사나워 보여서 도망쳤습니다.

4 [상상하는 문장 쓰기] 자신이 털북숭이 야만인을 만난 신드바드라면 어떻게 했을지 상상해 봅니다.

> **예시 1** 내가 신드바드라면 야만인들을 함정에 빠뜨려서 피하겠습니다.
> **예시 2** 내가 신드바드라면 먹을 것으로 꾀어 친구로 만들겠습니다.

● 모아쓰기 ● 네 개의 문장을 이어서 하나의 문단을 완성합니다.

> **예시 1** "이 섬에는 키가 작은 털북숭이 야만인이 삽니다."
> 선장은 야만인들을 건드리면 벌 떼처럼 달려들어 사람들을 죽일 거라고 했습니다. 신드바드와 선원들은 선장의 말이 생각나서 겁을 먹고 도망쳤습니다. 내가 신드바드라면 야만인들을 함정에 빠뜨려서 피하겠습니다.

> **예시 2** "이 섬에는 키가 작은 털북숭이 야만인이 삽니다."
> 선장은 야만인들을 건드리면 벌 떼처럼 달려들어 사람들을 죽일 거라고 했습니다. 신드바드와 선원들은 야만인들이 너무 힘세고 사나워 보여서 도망쳤습니다. 내가 신드바드라면 먹을 것으로 꾀어 친구로 만들겠습니다.

가이드의 읽을거리 ● 외눈 거인은 오랜 세월 다양한 문학 작품에서 등장하고 있습니다. 그리스 로마 신화에도 키클롭스(또는 퀴클롭스)라고 불리는 외눈박이 거인들이 등장합니다. 영어로는 사이클롭스(Cyclops)라고 하지요. 그리스 로마 신화에 등장하는 최초의 키클롭스는 가이아와 우라노스 사이에서 태어난 삼 형제로 천둥의 신 브론테스, 번개의 신 스테로페스, 벼락의 신 아르게스랍니다. 그 뿐만 아니라 우리나라에도 외눈박이 거인을 보았다는 이야기가 전해집니다. 18세기 작가 유남주가 남긴 《통원고》에 따르면 전남 흑산도에서 배를 타고 가다가 표류한 사람이 '대인국'에 도착했는데 거기에 외눈박이 거인이 있었다고 합니다.

이렇게 외눈 거인 전설이 세계적으로 등장하는 이유는 이 현상이 실존하는 기형에서 유래했기 때문일지도 모른다고 합니다. 선천성 기형의 하나인 '외눈증(단안증)'이지요. 영문명으로는 'Cyclopia(사이클로피아)'로 그리스 로마 신화의 외눈 거인 키클롭스에서 유래했답니다.

우리가 상상이라고만 생각했던 것들이 종종 현실에 살을 붙여 이야기가 된 경우도 있습니다. 아이들과 주변의 소재를 활용해 상상력을 덧붙이고 이야기를 만들어 보세요.

세 번째 모험까지 무사히 마친 신드바드는 더욱더 큰 부자가 되었어요. 하지만 신드바드는 안주하지 않고 또다시 새로운 모험에 도전했답니다. 이번에도 항구에서 배를 타고 힘차게 출발! 그런데 얼마 못 가서 거센 폭풍이 배를 덮쳤지요. 거친 비바람에 돛이 갈기갈기 찢기고 선체가 박살이 났어요. 신드바드는 선원 다섯 명과 간신히 나무판자에 올라탔어요. 나무판자는 파도에 휩쓸려 둥실둥실 어느 섬으로 떠밀려 갔지요.

섬에 도착하자 그 섬에 이미 살고 있던 사람들이 떼를 지어 우르르 나왔어요. 섬사람들은 신드바드와 선원들을 데리고 가서 이상한 풀과 기름진 밥을 주었어요. 배고팠던 선원들은 허겁지겁 먹어 치웠지요. 하지만 신드바드는 의심이 들어서 밥만 아주 조금 먹었어요.

'자기들은 아무것도 안 먹고 우리에게만 주는 게 이상해. 분명히 뭔가 꿍꿍이속이 있을 거야!'

과연 신드바드가 생각한 대로였어요. 섬사람들은 사실 식인종이었어요. 선원들이 잘 먹고 토실토실 살이 오르자 하나씩 잡아먹기 시작했지요. 잘 먹지 않아 빼빼 마른 신드바드만 살아남아서 가까스로 도망쳤답니다. 식인종을 피해 바닷가로 달아난 신드바드는 우연히 자신과 비슷한 생김새에 같은 말을 쓰는 사람들을 만났어요.

"정말 반갑구려. 나는 식인종에게 잡혀 있다가 간신히 도망치는 길이라오!"

사람들은 놀라워하며 신드바드의 이야기에 귀를 기울였어요. 그리고 신드바드와 함께 자기들의 섬으로 돌아갔지요. 그곳에서 사람들은 신드바드에게 왕을 소개시켜 주었는데요. 왕이 신드바드를 아주 마음에 들어 했지 뭐예요.

"그대의 나라로 돌아가지 말고 이곳에서 오래오래 살아 주면 좋겠군."

신드바드는 차마 왕의 뜻을 거절할 수 없었어요. 그래서 아름다운 여인과 결혼하고 꼼짝없이 섬에 눌러앉게 되었어요. 하지만 바다 너머 고향 바그다드가 그리워서 견딜 수 없었지요. 언제든 바그다드로 돌아갈 날만 기다렸답니다.

그러던 어느 날, 신드바드의 아내가 갑자기 병에 걸려 세상을 떠나고 말았어요. 그러자 그곳의 법에 따라 신드바드도 죽은 아내와 함께 산 채로 무덤에 묻혀야만 했어요. 커다란 돌을 치우고 깊은 구덩이로 들어간 신드바드는 죽은 아내 옆에 누웠어요. 조용히 죽음의 시간을 기다리는데……, 갑자기 무슨 소리가 들리지 않겠어요? 누군가가 숨을 헐떡이며 뛰어가는 소리였지요. 신드바드는 얼른 소리가 나는 쪽으로 향했어요. 놀랍게도 작은 구멍으로 가느다란 빛이 들어오지 뭐예요!

"오, 신이시여! 감사합니다!"

신드바드는 기뻐하며 빛을 따라 나아갔어요. 곧 깊은 구덩이에서 빠져나와 바닷가 근처 산비탈 위에 올랐지요. 마침 가까운 바다에 배가 한 척 떠 있었어요. 신드바드는 재빨리 터번을 풀어 머리 위로 높이 흔들었답니다. 다행히 그 배에서 신드바드를 보고 보트를 보내 주었지요. 무사히 배에 올라탄 신드바드는 그동안 있었던 일을 쭉 이야기했어요. 신드바드를 구해 준 선장은 신드바드의 어깨를 토닥이며 말했어요.

"정말 고생 많으셨습니다. 지금부터는 우리와 함께 안전한 항해를 하시지요."

신드바드가 탄 배는 항해하는 동안 많은 항구를 들렀고, 신드바드는 그때마다 큰돈을 벌었어요. 그래서 신드바드가 바그다드에 돌아올 때는 아주 큰 부자가 되어 있었답니다.

인물관계도 예시 답안

신드바드의 아내가 죽어서 법에 따라 함께 묻혀야 했기 때문입니다.

40

답변으로 나올 수 있는 4개의 문장은 식인종에게 잡혀 있던 신드바드가 위기에서 벗어나는 과정을 순서대로 따라가도록 구성되었습니다.

> ① 신드바드의 상황을 설명하는 대화문 따라 쓰기 → ② 신드바드의 모험 과정 확인하기 → ③ 신드바드에게 일어난 일의 이유 파악하기 → ④ 자신이라면 어떻게 할지 상상하여 쓰기

를 통해 신드바드의 상황을 이해하고 그 심정을 헤아려 볼 수 있도록 도와주세요.

읽기 전 생각해 볼 것들

동화를 읽기 전 아이와 함께 제목, 삽화, 표시된 문장 등을 보면서 어떤 내용이 펼쳐질지 유추해 보세요.

1. 삽화를 보고 신드바드는 어떤 곳으로 새로운 모험을 떠났을지 생각해 볼까요?

2. 동화 속 보라색 글씨에 등장하는 '식인종'은 삽화 속 누구일지 상상해 볼까요?

3. 삽화 속 신드바드는 왜 동굴 안에 누워 있게 됐을지 상상해 볼까요?

✎참고하세요   본책 p.89 정답 예시

1 이야기와 만나는 문장 쓰기 신드바드가 처해 있던 상황을 알리는 대화문을 따라 써 봅니다. (왼쪽 보라색 문장 따라 쓰기)

2 이해하는 문장 쓰기 신드바드가 식인종에게서 도망친 다음에 어떤 일이 일어났는지 확인합니다.

예시 사람들은 달아나던 신드바드를 자신들의 섬으로 데려가 왕을 만나게 했습니다.

3 생각을 발견하는 문장 쓰기 신드바드가 바그다드로 돌아가지 않고 섬에 남은 이유를 생각해 봅니다.

예시1 신드바드는 왕의 소개로 아름다운 여인을 만나 결혼했기 때문에 고향으로 돌아가지 못했습니다.

예시2 신드바드는 왕의 마음에 들었기 때문에 바그다드로 돌아가지 못하게 되었습니다.

4 상상하는 문장 쓰기 자신이 신드바드라면 가지 말라는 왕의 말에 어떻게 했을지 자유롭게 상상해 봅니다.

예시1 내가 신드바드라면 끝까지 왕을 설득해서 바그다드로 돌아가겠습니다.

예시2 내가 신드바드라면 왕이 모르게 바그다드로 가는 배를 타고 도망치겠습니다.

모아쓰기 네 개의 문장을 이어서 하나의 문단을 완성합니다.

예시1 "나는 식인종에게 잡혀 있다가 간신히 도망치는 길이라오!"
사람들은 달아나던 신드바드를 자신들의 섬으로 데려가 왕을 만나게 했습니다. 신드바드는 왕의 소개로 아름다운 여인을 만나 결혼했기 때문에 고향으로 돌아가지 못했습니다. 내가 신드바드라면 끝까지 왕을 설득해서 바그다드로 돌아가겠습니다.

예시2 "나는 식인종에게 잡혀 있다가 간신히 도망치는 길이라오!"
사람들은 달아나던 신드바드를 자신들의 섬으로 데려가 왕을 만나게 했습니다. 신드바드는 왕의 마음에 들었기 때문에 바그다드로 돌아가지 못하게 되었습니다. 내가 신드바드라면 왕이 모르게 바그다드로 가는 배를 타고 도망치겠습니다.

가이드의 읽을거리 ● 죽은 사람을 따라 산 사람도 함께 묻는 풍습을 '순장'이라고 합니다. 순장은 신분이 중요했던 고대 사회에서 많았던 장례 풍습입니다. 우리나라는 물론 중국, 일본, 고대 오리엔트 지역, 아프리카, 멕시코, 이집트, 메소포타미아 지역 등 세계 각지에서 순장의 흔적이 발견되었지요. 과거 순장이 행해졌던 이유는 죽어서도 삶이 이어진다고 생각했기 때문이라고 합니다. 그래서 생전에 함께하던 사람들(배우자, 신하, 노예 등)과 죽어서도 함께하기 위해 순장을 했다고 하네요.
우리나라의 순장에 관한 가장 오래된 기록은 《삼국지》의 〈위서〉에 수록된 '동이전 부여조'입니다. '여름에 사람이 죽으면 얼음을 넣어 순장을 하는데, 많을 때는 백여 명에 이른다'는 기록이 있지요. 하지만 실제로 부여 시대에 순장과 관련된 유적이 발견되지는 않았다고 합니다. 신라의 경우에는 '영을 내려 순장을 금지했다'는 내용이 《삼국사기》에 기록되어 있습니다.

신드바드의 다섯 번째와 여섯 번째 모험

바그다드에서 충분히 휴식을 취한 신드바드는 다시 항해를 떠날 준비를 했어요. 이번에는 다른 배를 얻어 타지 않고 자기 배를 사서 짐을 실었답니다. 선장과 선원을 데리고 출발한 배는 곧 사람이 살지 않는 섬에 도착했어요. 신드바드는 선원들과 섬을 둘러보다가 아주 커다란 알을 발견했지요. 마침 알에서 아기 새가 태어나려고 하는 순간이었어요.

"알을 건드리지 말고 그냥 갑시다. 근처에 어미 새가 있을 수 있으니까요."

하지만 선원들은 신드바드의 말을 듣지 않고 기어이 아기 새를 잡아먹었어요. 그러자 신드바드가 말한 대로 거대한 새 두 마리가 날아들었지요. 아기 새의 부모 새였어요. 선원들이 허겁지겁 배로 달아나자 부모 새들은 커다란 돌멩이를 움켜쥐고 쫓아왔어요. 그리고 배를 향해 냅다 돌멩이를 떨어뜨렸어요. 첫 번째는 용케 피했지만 두 번째는 배 한복판에 맞아 버렸지요. 퍽! 우지끈!

배는 산산조각이 나서 가라앉았고 선원들도 물에 빠졌어요. 신드바드만 가까스로 나무판자를 붙잡은 채 둥실둥실 파도에 떠밀려 갔어요. 그러다 우연히 마주친 배에 구조되었지요. 배는 신드바드를 큰 도시의 항구로 데려다주었어요. 그곳에서 신드바드는 새로 사귄 상인과 커다란 자루를 들고 코코넛 숲으로 갔는데요. 코코넛 나무 위로 올라간 원숭이를 향해 돌을 던지면 화난 원숭이들이 코코넛을 마구 던져 대지 않겠어요? 신드바드는 바닥에 떨어진 코코넛을 열심히 주웠어요. 그렇게 몇 번을 반복하자 제법 많은 코코넛이 쌓였지요. 신드바드는 바그다드로 돌아오는 길에 들리는 곳마다 코코넛을 팔거나 알로에 나무 또는 후추랑 바꿨어요. 상인들과 함께 크고 흰 진주를 캐기도 했어요.

바그다드로 돌아온 신드바드는 바리바리 챙겨 온 알로에 나무, 후추, 진주를 많은 돈을 받고 남김없이 팔았답니다. 신드바드가 바그다드에서도 손꼽히는 부자가 된 것은 두말할 필요도 없었지요. 그러나 얼마 지나지 않아 신드바드는 또다시 좀이 쑤셨어요. 끝내 참지 못하고 여섯 번째 항해를 떠났어요.

그런데 배가 급류에 휩쓸리며 난파되었어요. 신드바드는 겨우 목숨만 건져서 커다란 섬의 끝자락에 닿았지요. 그곳에 마침 강물이 흘러드는 큰 동굴이 있었어요.

"이대로 가만히 앉아 손가락만 빨고 있을 수는 없지. 밑져야 본전이야!"

신드바드는 주변에 떠밀려 온 나무판자와 밧줄로 뗏목을 만들었어요. 값진 물건을 건져서 뗏목에 싣고 동굴 안으로 들어갔지요. 깜깜한 동굴 안을 얼마나 헤맸을까요? 어느새 눈앞이 환해지며 강둑에 옹기종기 서 있는 섬사람들이 보였어요.

"여기는 세렌디브 섬이오. 그대는 어디서 온 누구요?"

피부가 까만 섬사람들은 신드바드의 이야기를 듣고 크게 놀라워하며 신드바드를 세렌디브의 왕에게 데려갔어요. 세렌디브의 왕은 신드바드를 반갑게 맞으며 신드바드의 이야기를 흥미롭게 들었답니다. 그런 다음 신드바드에게 귀한 선물을 내리고 칼리프에게 보내는 편지와 선물을 맡겼어요.

"이것은 칼리프께 보내는 나의 우정과 성의라오. 부디 잘 전해 주시오."

"염려하지 마십시오. 제가 목숨을 걸고 전해 드리겠습니다."

신드바드는 세렌디브의 왕에게 배웅을 받으며 바그다드로 떠났어요. 무사히 바그다드에 도착한 뒤에는 칼리프를 만나 세렌디브의 왕이 전해 달라고 부탁한 선물과 편지를 바쳤답니다.

인물관계도 예시 답안

코코넛을 던졌습니다.

42

가이드 tip 질문의 의도

답변으로 나올 수 있는 4개의 문장은 신드바드와 선원들이 탄 배가 부서지게 된 상황을 따라가며 내용을 파악할 수 있도록 구성되었습니다.

> ① 주요 사건이 시작되는 문장 따라 쓰기 → ② 새에게 공격받은 이유 확인하기 → ③ 신드바드의 상황과 심정 파악하기 → ④ 자신이라면 어떻게 할지 상상하여 쓰기

를 통해 이야기의 흐름을 인과관계로 정리할 수 있도록 지도해 주세요.

읽기 전 생각해 볼 것들

동화를 읽기 전 아이와 함께 제목, 삽화, 표시된 문장 등을 보면서 어떤 내용이 펼쳐질지 유추해 보세요.

1. 삽화 속 큰 새는 왜 거대한 돌을 들고 있는지 유추해 볼까요?

2. 보라색 문장의 내용처럼 물에 빠진 신드바드는 어떻게 됐을지 상상해 볼까요?

3. 삽화를 보고 어떤 이야기가 펼쳐질지 생각해 볼까요?

참고하세요 본책 p.93 정답 예시

1 이야기와 만나는 문장 쓰기 주요 사건이 시작되는 문장을 따라 써 봅니다. (왼쪽 보라색 문장 따라 쓰기)

2 이해하는 문장 쓰기 신드바드와 선원들이 새에게 공격받은 이유를 확인합니다.
예시 선원들이 아기 새를 잡아먹자 화가 난 부모 새가 쫓아와서 돌멩이를 던졌기 때문입니다.

3 생각을 발견하는 문장 쓰기 새의 공격을 받은 신드바드가 어떤 심정일지 생각해 봅니다.
예시 1 신드바드는 끝까지 선원들을 설득하지 않은 것을 후회했습니다.
예시 2 신드바드는 자기 말을 듣지 않은 선원들을 한심하게 생각했습니다.

4 상상하는 문장 쓰기 자신이 신드바드라면 선원들이 아기 새를 잡아먹으려 할 때 어떻게 했을지 상상해 봅니다.
예시 1 내가 신드바드라면 선원들을 설득해서 아기 새와 같이 놀겠습니다.
예시 2 내가 신드바드라면 선원들을 혼내고 아기 새에게 먹을 것을 가져다주겠습니다.

모아쓰기 네 개의 문장을 이어서 하나의 문단을 완성합니다.
예시 1 배는 산산조각이 나서 가라앉았고 선원들도 물에 빠졌어요. 선원들이 아기 새를 잡아먹자 화가 난 부모 새가 쫓아와서 돌멩이를 던졌기 때문입니다. 신드바드는 끝까지 선원들을 설득하지 않은 것을 후회했습니다. 내가 신드바드라면 선원들을 설득해서 아기 새와 같이 놀겠습니다.

예시 2 배는 산산조각이 나서 가라앉았고 선원들도 물에 빠졌어요. 선원들이 아기 새를 잡아먹자 화가 난 부모 새가 쫓아와서 돌멩이를 던졌기 때문입니다. 신드바드는 자기 말을 듣지 않은 선원들을 한심하게 생각했습니다. 내가 신드바드라면 선원들을 혼내고 아기 새에게 먹을 것을 가져다주겠습니다.

가이드의 읽을거리 ● 본문에 코코넛을 따서 던지는 원숭이가 등장합니다. 실제로 태국의 코코넛 농장에는 코코넛을 따는 원숭이가 존재한다고 합니다. 코코넛 따는 기술을 가르치는 원숭이 학교도 있고, 원숭이 코코넛 따기 경연 대회도 존재하지요. 원숭이에게 코코넛을 따게 하는 이유는 바로 생산성입니다. 사람은 하루에 100개의 코코넛을 따기도 힘들지만, 코코넛을 잘 따는 원숭이는 하루에 최대 1600개를 딴다고 합니다. 태국 외에도 인도네시아, 말레이시아에도 일하는 원숭이가 있다고 하는데요. 얼핏 신기한 이야기일 수 있지만, 다른 관점에서 생각하면 동물 학대의 범주에 들어간다고 볼 수도 있습니다. 원숭이가 어릴 때부터 코코넛 따는 교육을 강제로 받느라 원숭이로서 행복한 삶을 살지 못하니까요. 이러한 이유로 2020년에는 영국과 미국에서는 원숭이가 딴 코코넛으로 만든 코코넛 밀크 제품에 대한 불매 운동을 펼치기도 했답니다.

신드바드의 일곱 번째이자 마지막 모험

바그다드로 돌아온 신드바드는 두 번 다시 항해를 떠나지 않기로 마음먹었어요.

"휴, 이번 모험은 정말 힘들었어. 이제 나도 나이가 있으니 위험한 모험을 그만둬야지. 앞으로는 집에서 평온한 생활을 즐겨야겠어."

그리고 며칠이 지난 어느 날, 칼리프가 신드바드를 궁으로 불러 말했어요.

"그대에게 부탁이 있소. 세렌디브의 왕에게 답례하고 싶으니 그대가 세렌디브의 왕에게 다녀와 주시오. 이는 오로지 그대만이 할 수 있는 일이라오."

신드바드는 칼리프의 명에 따라 울며 겨자 먹기로 세렌디브 섬으로 떠났어요. 세렌디브 섬에 도착하자 세렌디브의 왕이 신드바드를 반갑게 맞아 주었지요. 세렌디브의 왕은 칼리프의 편지와 선물을 받고 뛸 듯이 기뻐했답니다. 감사의 표시로 칼리프와 신드바드를 위해 진귀한 선물을 잔뜩 내주었어요. 신드바드는 기쁜 마음으로 세렌디브의 왕이 준 선물을 배에 싣고 바그다드를 향해 출발했어요. 그런데 이게 웬일이에요? 해적이 신드바드가 탄 배를 덮쳤어요! 해적은 신드바드와 선원들을 꽁꽁 묶더니만 노예 시장으로 끌고 갔어요. 그곳에서 신드바드는 어느 부유한 상인의 노예로 팔렸답니다.

다행히도 상인은 신드바드를 무척 마음에 들어 했어요. 그래서 잘 먹이고 잘 입히고 아주 잘 대해 주었지요. 하루는 상인이 신드바드를 울창한 숲으로 데려갔어요.

"활과 화살을 줄 테니 나무 위로 올라가 코끼리가 나타나면 쏘아라."

신드바드는 상인이 시키는 대로 나무 위에서 코끼리가 나타나기를 기다렸어요. 마침내 코끼리 무리가 나타나자 신드바드는 화살을 막 쏘아 댔지요. 그러자 갑자기 무리에서 가장 큰 코끼리가 신드바드가 올라가 있는 나무를 향해 돌진했어요! 코끼리는 코로 나무를 감싸더니 뿌리째 뽑아서 내동댕이쳤어요! 더욱 놀라운 것은 바닥에 내던져진 신드바드를 코로 감아올려 제 등에 태

우는 행동이었어요. 신드바드는 어안이 벙벙했지요.

'날 죽이려는 줄 알았는데……, 도대체 어디로 데려가는 걸까?'

코끼리는 외딴 언덕 위에 신드바드를 내려 주었어요. 그곳에는 코끼리 뼈와 상아가 수북하게 쌓여 있지요. 그래요, 그곳은 바로 코끼리들의 무덤이었어요!

"여기서 상아를 가져가고 자기들을 공격하지 말라는 뜻이구나!"

신드바드는 냉큼 상인에게 달려가서 이 사실을 알렸어요. 상인은 그 이야기를 듣고 뛸 듯이 기뻐했지요.

"네 덕분에 비싼 상아를 잔뜩 얻었구나. 정말 고맙다!"

상인은 신드바드를 노예 신분에서 풀어 주었어요. 또한 신드바드가 바그다드로 잘 돌아갈 수 있게 배에 상아와 특산품, 음식을 넉넉히 실어 주었답니다. 그 덕분에 신드바드는 편안한 항해를 할 수 있었어요. 바그다드로 돌아오는 길에 상아와 특산품을 팔아서 칼리프에게 바칠 선물도 샀고요. 돈도 아주 많이 벌었지요.

드디어 바그다드에 이르자 신드바드는 곧장 칼리프를 찾아갔어요. 칼리프에게 선물을 바치고 그동안 있었던 일을 조목조목 이야기했지요. 칼리프는 미소를 지으며 말했어요.

"오랫동안 돌아오지 않아 걱정했노라. 끝까지 포기하지 않고 돌아와서 고맙다."

칼리프는 고생한 신드바드를 위로하고 으리으리한 선물을 내려 주었어요. 신드바드는 융숭한 대접을 받고 기분 좋게 집으로 돌아왔어요. 그 뒤로 신드바드는 다시는 모험을 떠나지 않고 집에서 오래오래 행복하게 잘 살았답니다.

인물관계도 예시 답안

신드바드는 세렌디브 섬으로 향했습니다.

답변으로 나올 수 있는 4개의 문장은 신드바드가 코끼리 무덤을 발견한 뒤 일어나는 일을 따라가도록 구성되어 있습니다.

> ① 주요 사건이 시작되는 대화문 따라 쓰기 → ② 코끼리가 신드바드에게 보인 반응 확인하기 → ③ 신드바드의 생각 유추하기 → ④ 코끼리 무덤을 발견한 뒤에 자신이라면 어떻게 할지 상상하기

를 통해 주요 내용을 파악하고 예측하지 못한 상황을 어떻게 해결할지 자신만의 생각을 표현할 수 있도록 이끌어 주세요.

읽기 전 생각해 볼 것들

동화를 읽기 전 아이와 함께 제목, 삽화, 표시된 문장 등을 보면서 어떤 내용이 펼쳐질지 유추해 보세요.

1. 제목처럼 마지막 모험을 떠난 신드바드는 무사히 돌아올 수 있을까요?

2. 삽화를 보고 어떤 이야기가 펼쳐질지 유추해 볼까요?

3. 보라색 문장에서 코끼리를 공격하려 한 이유를 상상해 볼까요?

✎ **참고하세요** 본책 p.97 정답 예시

1 이야기와 만나는 문장 쓰기 주요 사건이 시작되는 대화문을 따라 써 봅니다. (왼쪽 보라색 문장 따라 쓰기)

2 이해하는 문장 쓰기 화살을 쏘는 신드바드를 보고 코끼리가 어떻게 했는지 확인합니다.

예시 신드바드가 화살을 쏘자 코끼리는 신드바드를 붙잡아서 등에 태우고 코끼리 무덤으로 데려갔습니다.

3 생각을 발견하는 문장 쓰기 코끼리 무덤을 본 신드바드의 생각을 유추해 봅니다.

예시 1 신드바드는 코끼리를 더 죽이지 않고도 상아를 얻을 수 있어 다행이라고 생각했습니다.
예시 2 신드바드는 많은 상아를 손쉽게 얻을 수 있어서 잘됐다고 생각했습니다.

4 상상하는 문장 쓰기 자신이 신드바드라면 코끼리 무덤을 알게 된 다음에 어떻게 했을지 상상해 봅니다.

예시 1 내가 신드바드라면 상인에게 코끼리를 죽이지 않으면 코끼리 무덤을 알려 주겠다고 하겠습니다.
예시 2 내가 신드바드라면 상아를 나 혼자만 다 갖겠습니다.

모아쓰기 네 개의 문장을 이어서 하나의 문단을 완성합니다.

예시 1 "활과 화살을 줄 테니 나무 위로 올라가 코끼리가 나타나면 쏘아라."
신드바드가 화살을 쏘자 코끼리는 신드바드를 붙잡아서 등에 태우고 코끼리 무덤으로 데려갔습니다. 신드바드는 코끼리를 더 죽이지 않고도 상아를 얻을 수 있어 다행이라고 생각했습니다. 내가 신드바드라면 상인에게 코끼리를 죽이지 않으면 코끼리 무덤을 알려 주겠다고 하겠습니다.

예시 2 "활과 화살을 줄 테니 나무 위로 올라가 코끼리가 나타나면 쏘아라."
신드바드가 화살을 쏘자 코끼리는 신드바드를 붙잡아서 등에 태우고 코끼리 무덤으로 데려갔습니다. 신드바드는 많은 상아를 손쉽게 얻을 수 있어서 잘됐다고 생각했습니다. 내가 신드바드라면 상아를 나 혼자만 다 갖겠습니다.

가이드의 읽을거리 ● 코끼리의 상아는 아름다운 색깔과 강한 내구성 등의 장점 때문에 오랫동안 값비싼 공예품 재료로 쓰였습니다. 상아로 도장, 장식품, 예술품, 무기 등 다양한 물건을 만들었는데요. 코끼리의 수가 많지 않고 상아의 수도 제한적이기 때문에 주로 왕실, 귀족 등 부유한 계층만 소비할 수 있었다고 합니다.
사람들이 상아를 얻는 방법은 대부분 사냥이었습니다. 상아를 얻기 위해 무분별하게 코끼리를 사냥한 결과, 코끼리의 개체 수가 급격히 줄었습니다. 지금으로부터 100여 년 전, 20세기 초반 아프리카에는 코끼리가 1천만 마리 정도 살았다고 합니다. 하지만 지금은 50만 마리도 되지 않는다지요. 인간의 탐욕이 불러온 코끼리의 비극은 동물 보호에 관련한 토론 주제가 됩니다. 아이와 함께 이야기를 나누며 생각의 깊이와 폭을 더해 주세요.

어부와 항아리 요정

옛날에 아주 가난한 어부가 살았어요. 어부는 그날그날 잡은 물고기를 팔아 끼니를 이었답니다. 하루는 아침 일찍 바닷가로 나가 그물을 던졌는데요. 세 번이나 쓸모없는 쓰레기들이 그물에 걸려 올라왔지 뭐예요. 어부는 한숨을 푹푹 쉬었어요.

"오늘따라 일진이 안 좋군. 이러다 끼니를 굶겠어!"

어부는 신께 물고기를 잡게 해 달라고 기도하며 다시 그물을 던졌어요. 이번엔 웬 놋쇠 항아리가 걸려 올라왔지요. 항아리 입구는 꽉 봉해져 있었어요.

"이게 웬 떡이람? 놋쇠를 팔아 끼니를 때워야겠다."

어부는 항아리를 들어 이리저리 흔들어 보았어요. 하지만 아무 소리가 들리지 않았지요. 어부는 항아리 안에 뭐가 들었는지 궁금해서 칼로 뚜껑을 열었답니다. 그러자 이게 웬일이에요? 갑자기 항아리 안에서 진한 연기가 모락모락 피어오르는 것이 아니겠어요?

곧이어 펑! 커다란 항아리 요정이 나타났어요! 항아리 요정은 험악한 표정으로 말했지요.

"네 녀석은 이제 죽은 목숨이다. 내가 널 어떻게 죽이면 좋겠느냐?"

"왜 저를 죽이려고 하시나요? 제가 항아리를 열고 요정님을 구해 드렸는데요!"

"난 오래전에 신께 반항하다가 벌로 항아리에 갇혔다. 처음 100년 동안은 누구든 날 구해 주면 큰 부자로 만들어 주겠노라 마음먹었지. 그다음 100년 동안은 날 구해 주면 온갖 진귀한 보물을 주겠노라 다짐했다. 마지막 100년 동안은 날 구해 주는 자를 왕으로 만들고 날마다 세 가지 소원을 들어주겠노라 결심했지."

항아리 요정은 무서운 목소리로 말을 이었어요.

"하지만 아무도 날 구해 주지 않았다! 나는 화가 머리끝까지 치솟았지. 그래서 이제는 날 구한 자의 목숨을 거두기로 작정했다. 이것이 네가 죽을 이유이니라."

어부는 어처구니가 없었어요. 잠시 고민하다가 한 가지 꾀를 내었답니다.

"항아리 요정님, 궁금한게 있습니다."

"말해 보아라."

"정말 이 항아리에 들어 있었나요? 요정님은 이렇게 큰데요?"

"신의 이름으로 맹세컨대, 나는 그 항아리 속에 들어 있었노라."

어부는 요정의 대답에도 고개를 절레절레 저었어요.

"믿을 수가 없습니다. 요정님은 크고 항아리는 작지 않습니까? 요정님의 팔 한쪽도 들어갈 것 같지 않아 보이는 걸요. 요정님이 직접 항아리 속에 들어가시면 모를까, 말씀만으로는 도저히 못 믿겠습니다."

"좋아, 지금 내가 항아리 속으로 들어가마. 두 눈 똑똑히 뜨고 보아라."

항아리 요정은 말을 마치자마자 몸이 흐려지더니 진한 연기로 변했어요. 그러고는 회오리치듯 항아리 속으로 쑥쑥 빨려 들어갔지요. 마지막 한 줄기 연기까지 모두 항아리로 들어간 순간, 어부는 기다렸다는 듯 잽싸게 뚜껑을 탁! 닫아 버렸어요.

"이게 무슨 짓이냐? 당장 항아리 뚜껑을 열지 못해?"

항아리 요정이 고래고래 소리쳤지만 어부는 눈 하나 까딱하지 않았어요.

"싫어요! 전 항아리 뚜껑을 꽉 막은 다음에 바다 깊숙이에다 항아리를 던져 버릴 거예요!"

"안 돼! 제발 날 풀어 줘! 그러면 네가 원하는 것은 무엇이든 다 들어주겠다."

"항아리 요정님을 어떻게 믿죠? 옛날에 나병 걸린 왕이 의사 두반을 배신했던 것처럼 항아리 요정님도 저를 배신할 텐데요!"

인물관계도 예시 답안

어부는 항아리 안에 무엇이 들었는지 궁금했습니다.

46

가이드 tip 질문의 의도

답변으로 나올 수 있는 4개의 문장은 어부와 항아리 요정 사이에서 일어난 일을 이해하고 주인공의 심정을 파악하도록 구성돼 있습니다.

> ① 주요 사건이 시작되는 문장 따라 쓰기 → ② 항아리 요정이 한 말 확인하기 → ③ 어부의 상황과 생각 파악하기 → ④ 자신이 항아리 요정이라면 어떻게 할지 상상하여 쓰기

를 통해 어부가 어떻게 위기에서 벗어났는지 점검할 수 있도록 이끌어 주세요.

읽기 전 생각해 볼 것들

동화를 읽기 전 아이와 함께 제목, 삽화, 표시된 문장 등을 보면서 어떤 내용이 펼쳐질지 유추해 보세요.

1. 제목과 삽화를 보고 어떤 이야기가 펼쳐질지 유추해 볼까요?

2. 삽화 속 항아리 요정은 왜 험상궂은 표정을 하고 있는지 상상해 볼까요?

3. 동화 속 보라색 문장에 등장하는 항아리 요정은 어떤 방법으로 작은 항아리에 들어갈 수 있었을지 상상해 볼까요?

참고하세요 본책 p.103 정답 예시

1 이야기와 만나는 문장 쓰기 주요 사건이 시작되는 문장을 따라 써 봅니다. (왼쪽 보라색 문장 따라 쓰기)

2 이해하는 문장 쓰기 항아리 요정이 어부를 보자마자 말한 내용을 확인합니다.

예시 항아리 요정은 자신을 구해 준 어부를 죽이겠다고 말했습니다.

3 생각을 발견하는 문장 쓰기 어부가 위기를 벗어나기 위해 항아리 요정에게 어떤 꾀를 썼는지 생각해 봅니다.

예시 1 어부는 당황하지 않고 꾀를 내어서 요정을 항아리 속에 다시 가두었습니다.

예시 2 어부는 큰 요정이 작은 항아리에 들어간다는 것을 믿을 수 없다며 항아리에 다시 들어가 보라고 했습니다.

4 상상하는 문장 쓰기 자신이 항아리 요정이라면 어부에게 어떻게 했을지 상상해 봅니다.

예시 1 내가 항아리 요정이라면 어부에게 구해 줘서 고맙다고 하겠습니다.

예시 2 내가 항아리 요정이라면 어부에게 감사하다는 뜻으로 선물을 하겠습니다.

모아쓰기 네 개의 문장을 이어서 하나의 문단을 완성합니다.

예시 1 커다란 항아리 요정이 나타났어요! 항아리 요정은 자신을 구해 준 어부를 죽이겠다고 말했습니다. 어부는 당황하지 않고 꾀를 내어서 요정을 항아리 속에 다시 가두었습니다. 내가 항아리 요정이라면 어부에게 구해 줘서 고맙다고 인사하겠습니다.

예시 2 커다란 항아리 요정이 나타났어요! 항아리 요정은 자신을 구해 준 어부를 죽이겠다고 말했습니다. 어부는 큰 요정이 작은 항아리에 들어간다는 것을 믿을 수 없다며 항아리에 다시 들어가 보라고 했습니다. 내가 항아리 요정이라면 어부에게 감사하다는 뜻으로 선물을 하겠습니다.

가이드의 읽을거리 ● 자신을 살려 준 어부를 죽이겠다는 항아리 요정의 말을 듣고 있으면 황당하기 그지없습니다. 그야말로 물에 빠진 사람 구해 주니 보따리 내놓으라 하는 격이지요. 하지만 이 대목은 사실 사람 사이에서 종종 일어나는 일이기도 합니다. 너무 감당하기 힘든 고통을 받거나 오랫동안 괴로움을 당하면 분노와 원망이 엉뚱한 방향으로 향하는 경우도 있기 때문입니다. 그래서 거꾸로 도와준 사람에게 화를 내기도 하고, 아무도 도와주지 않는다며 폭력성을 드러내기도 하지요. 최근 우리 사회에서 이러한 좌절감 때문에 벌어지는 '분노 범죄'가 점점 문제가 되고 있는데요. 우리 모두가 안전한 사회에서 살아가려면 사회 안전망을 튼튼하게 구축하고 주변 사람들을 서로 자주 살펴서 만에 하나라도 일어날 수 있는 범죄를 미연에 방지하려는 노력이 필요합니다. 무거운 얘기라고 생각할 수도 있지만, 아이와 함께 인간 감정 변화의 원형에 대해 이야기 나누고 어떻게 하면 서로 살피고 도울 수 있는지 생각해 보세요. 어쩌면 어른들보다 훨씬 훌륭한 답변을 내놓을지도 모르니까요.

나병 걸린 왕과 의사 두반

옛날에 어떤 왕이 나병에 걸렸어요. 왕은 나병을 고치려고 수많은 의사를 불러 갖가지 치료를 했지만 아무 소용이 없었지요. 그러던 어느 날, 두반이라는 의사가 왕을 찾아왔답니다.

"전하, 저를 한번 믿어 보시겠습니까? 제가 전하의 나병을 낫게 해 드릴 수 있습니다."

"물론이오. 나병만 낫게 해 준다면 그대가 원하는 모든 것을 들어주겠소!"

그러자 두반은 방망이와 공을 만들어 왕에게 바쳤어요. 방망이는 속이 텅 비었고 손잡이 안에는 특별한 약이 들어 있었지요.

"전하, 몸에서 땀이 날 때까지 이 방망이로 공을 치십시오. 온몸에서 땀이 나면 그만하셔도 됩니다. 방망이 손잡이에 들어 있는 약의 기운이 전하의 몸에 퍼졌다는 뜻이니까요. 궁전으로 돌아오시면 곧바로 몸을 씻고 푹 주무십시오."

왕은 두반이 시키는 대로 했어요. 그러자 정말 나병이 씻은 듯 나았지 뭐예요? 왕은 크게 기뻐하며 당장 두반을 불렀지요. 모든 신하 앞에서 두반을 칭찬하고 큰 상을 내렸답니다. 그런데 그때 대신 한 명이 두반을 몹시 질투하지 않겠어요? 대신은 왕에게 두반을 모함하기 시작했어요.

"**두반은 적국에서 전하를 해치려고 보낸 사람입니다. 전하, 두반을 믿지 마소서.**"

"그럴 리 없소. 지혜로운 대신이 신드바드 왕을 깨우쳐 주려고 했던 이야기를 한번 들어 보시오."

아주 아름다운 아내를 둔 남자가 있었소. 하루는 남자가 급하게 집을 떠나야 하는 일이 생기자 앵무새 한 마리를 사 와서 아내에게 맡겼다오. 그리고 볼일을 보러 떠났다가 며칠 뒤에 돌아왔지. 남자는 앵무새에게 별일 없었는지 물었고, 앵무새는 남자가 없는 동안 아내가 저지른 나쁜 행실을 일렀다오. 남자는 당장 아내를 불러 꾸짖었소. 난데없이 야단을 맞은 아내는 화가 잔뜩 났지.

'앵무새 때문에 나만 혼났잖아? 이대로 가만둘 수 없지. 어떻게 복수할까?'

아내는 앵무새를 혼쭐낼 방법을 궁리했소. 그러다 남자가 또다시 집을 비울 일이 생겼지. 아내는 밤까지 기다렸다가 노예 셋을 불러서 명령했소. 첫 번째 노예는 새장 밑에서 맷돌을 돌리게 하고, 두 번째 노예는 새장 위에 물을 뿌리게 하고, 세 번째 노예는 앵무새 앞에다 촛불을 놓고 그 앞에서 거울을 든 채 왔다 갔다 하게 했소. 그다음 날, 남자가 집에 돌아와서 앵무새에게 별일 없었느냐고 묻자, 앵무새가 답했소.

"주인님, 어제는 밤새도록 천둥 번개가 치고 비가 쏟아져서 한숨도 못 잤습니다."

남자는 불같이 화를 내며 앵무새가 들어 있는 새장을 들어서 냅다 집어 던졌지.

"어제 비가 왔다는 거짓말을 하다니 용서할 수 없다. 네 녀석이 감히 나를 속여?"

새장이 바닥에 부딪힌 충격으로 앵무새는 그만 죽고 말았소. 하지만 남자는 얼마 지나지 않아 이웃들에게서 진실을 듣게 되었다오.

"아아, 아내가 앵무새를 속였을 줄이야! 내가 정직한 앵무새를 오해해서 정말 미안하구나."

그제야 남자는 땅을 치며 후회했지만 때는 이미 늦었지.

이야기를 마친 왕은 대신에게 말했어요.

"이보시오, 대신. 나는 아내에게 속아 앵무새를 죽이고 뒤늦게 후회한 남자처럼 되고 싶지 않소. 그대는 내가 두반을 죽이고 후회하기를 원하시오?"

앵무새가 거짓말을 한다고 생각했기 때문입니다.

48

답변으로 나올 수 있는 4개의 문장은 대신이 왕에게 두반을 모함하는 상황을 재연하도록 구성되어 있습니다.

> ① 이야기가 전환되는 대화문을 따라 쓰기 → ② 대신이 왕에게 말한 의도 이해하기 → ③ 왕의 반응을 떠올리고 그 이유 파악하기 → ④ 자신이 왕이라면 어떻게 할지 상상하여 쓰기

를 통해 왕과 대신이 각각 주장하는 내용과 그 근거를 정리할 수 있도록 도와주세요.

읽기 전 생각해 볼 것들

동화를 읽기 전 아이와 함께 제목, 삽화, 표시된 문장 등을 보면서 어떤 내용이 펼쳐질지 유추해 보세요.

1. 제목과 삽화를 보고 어떤 이야기가 펼쳐질지 유추해 볼까요?

2. 삽화를 보고 인물들의 관계를 생각해 볼까요?

3. 삽화 속 왕의 생각 풍선에 등장하는 인물은 누구일지 상상해 볼까요?

✎ 참고하세요   본책 p.107 정답 예시

1 이야기와 만나는 문장 쓰기   모함으로 이야기가 전환되는 대신의 대화문을 따라 써 봅니다. (왼쪽 보라색 문장 따라 쓰기)

2 이해하는 문장 쓰기   대신이 두반을 모함한 이유를 이해했는지 확인합니다.

 예시 대신은 왕에게 칭찬과 선물을 잔뜩 받은 두반을 몹시 질투했습니다.

3 생각을 발견하는 문장 쓰기   왕이 대신의 말에 어떻게 반응했는지 파악하고 그 이유를 생각해 봅니다.

 예시1 왕은 대신의 말이 거짓말이라고 생각했습니다.

 예시2 왕은 아내에게 속아 앵무새를 죽이고 후회한 남편처럼 되고 싶지 않았습니다.

4 상상하는 문장 쓰기   자신이 왕이라면 두반을 모함하는 대신에게 어떻게 했을지 상상해 봅니다.

 예시1 내가 왕이라면 대신을 쫓아내고 두반을 그 자리에 앉히겠습니다.

 예시2 내가 왕이라면 대신과 두반을 불러 서로 오해를 풀 수 있도록 하겠습니다.

모아쓰기   네 개의 문장을 이어서 하나의 문단을 완성합니다.

 예시1 "두반은 적국에서 전하를 해치려고 보낸 사람입니다."
대신은 왕에게 칭찬과 선물을 잔뜩 받은 두반을 몹시 질투했습니다. 왕은 대신의 말이 거짓말이라고 생각했습니다. 내가 왕이라면 대신을 쫓아내고 두반을 그 자리에 앉히겠습니다.

 예시2 "두반은 적국에서 전하를 해치려고 보낸 사람입니다."
대신은 왕에게 칭찬과 선물을 잔뜩 받은 두반을 몹시 질투했습니다. 왕은 아내에게 속아 앵무새를 죽이고 후회한 남편처럼 되고 싶지 않았습니다. 내가 왕이라면 대신과 두반을 불러 서로 오해를 풀 수 있도록 하겠습니다.

가이드의 읽을거리 ● 몽골 제국의 1대 왕 칭기즈칸은 아끼는 매와 함께 사냥하기를 좋아했습니다. 하루는 매와 사냥을 하다가 목이 말라서 마실 물을 찾았는데요. 마침 근처에서 바위를 타고 졸졸 흘러내리는 물줄기를 발견했지요. 칭기즈칸은 옳다구나 달려가서 물그릇에 물을 받았습니다. 그런데 갑자기 칭기즈칸의 매가 휙 날아와 물그릇을 치는 바람에 물이 다 쏟아졌어요. 칭기즈칸은 화가 났지만 꾹 참고 다시 물을 받았습니다. 하지만 두 번째에도, 세 번째에도 똑같이 매가 물그릇을 치자 화가 난 칭기즈칸은 냅다 칼로 매를 베어 죽였습니다. 그러고서 바위 위로 올라간 칭기즈칸은 놀라운 광경을 보았습니다. 바위 위에 있는 물웅덩이에 죽은 독사가 빠져 있지 않겠어요? 칭기즈칸이 모르고 물을 마셨다면 독사의 독 때문에 죽었겠지요. 그제야 칭기즈칸은 매가 왜 물그릇을 쳤는지 이해하고 자신의 성급한 행동을 후회했다고 합니다. 앵무새를 죽인 남편과 칭키즈칸의 이야기를 통해 성급한 행동이 어떤 결과를 불러오는지 아이과 함께 생각해 보세요.

어리석은 왕의 최후

대신은 왕의 이야기에도 한사코 뜻을 굽히지 않았어요.

"전하, 제가 죄 없는 사람을 해치려고 한다고 생각하시면 저를 벌하셔도 좋습니다. 하지만 잘 생각해 보십시오. 두반이 과연 전하를 치료했다고 할 수 있을까요? 두반이 전하께 드린 약이 시간이 지나면 독으로 바뀌지 않는다고 장담할 수 있을까요?"

대신은 끈질기게 왕을 설득했어요. 시간이 지날수록 왕은 마음이 흔들렸지요.

'대신의 말이 맞을지도 모른다. 두반이 나를 안심시킨 다음에 해치려고 하는 것인지 어떻게 아는가?'

한번 의심이 싹트자 걷잡을 수 없이 커져만 갔어요. 왕은 어느새 두반이 자신을 죽이려고 한다고 믿게 되었지요.

"두반이 날 죽이기 전에 내가 먼저 죽여야겠어. 여봐라, 두반을 당장 불러들여라!"

임금님은 갑자기 불려 나와 어리둥절한 두반에게 말했어요.

"네가 나를 죽이려고 한다는 말을 들었다. 그래서 그전에 너를 처형하려고 한다."

"억울합니다! 제발 저를 살려 주시옵소서. 저는 전하의 병을 치료했을 뿐입니다."

"안 된다. 네가 약을 써서 나를 구했듯 나를 죽일 수도 있기 때문이다."

두반은 왕이 끝끝내 고집을 꺾지 않자 한숨을 푹 내쉬었어요.

"죽기 전에 마지막으로 부탁 한 가지만 들어주십시오. 집에 가서 가족들과 작별 인사를 하고, 제 책 가운데 가장 귀한 책을 전하께 바치고 싶습니다."

왕은 두반의 책이 너무 궁금했어요. 그래서 처형을 미루고 두반이 집에 다녀올 때까지 기다렸지요. 다음 날, 두반은 책을 가져와 왕에게 바치며 다시 간청했어요.

"저는 정말 죄가 없습니다. 그래도 저를 죽이시겠습니까?"

"그렇다. 그러니 어서 책을 내놓아라."

"할 수 없군요. 제가 죽으면 이 책을 펼치십시오. 여섯 번째 장의 왼쪽 면의 세 번째 줄을 읽으시면 됩니다."

왕은 냉큼 책을 받아 들고 두반을 처형했어요. 그리고 책을 펼치려는데 책장이 달라붙어서 잘 떨어지지 않았어요. 왕은 손가락에 침을 묻혀서 책장을 넘겼지요. 그런데 두반이 말한 위치에는 아무것도 적혀 있지 않았어요. 당황한 왕은 몇 장을 더 넘겼어요. 그러자 갑자기 눈앞이 어두워지며 온몸에 힘이 빠지지 뭐예요? 그때였어요! 죽은 두반이 눈을 번쩍 뜨고 말했어요.

"나쁜 왕이여, 죄 없는 사람의 목숨을 빼앗은 죗값을 네 목숨으로 치러라!"

두반이 말하자마자 왕은 그대로 쓰러져 죽었답니다.

항아리에 갇힌 요정은 어리석은 왕과 의사 두반에 대한 어부의 이야기가 끝나자 다급히 외쳤어요.

"날 풀어 주면 널 살려 주겠다. 아니, 널 큰 부자로 만들어 주겠다!"

"신의 이름을 걸고 맹세하세요. 그러면 풀어 드리죠."

어부는 항아리 요정의 맹세를 듣고서야 항아리 뚜껑을 열어 주었어요. 항아리 밖으로 나온 항아리 요정은 어부를 네 개의 언덕으로 둘러싸인 호수로 데려갔지요. 그곳에는 빨강, 노랑, 파랑, 하양 물고기가 잔뜩 헤엄치고 있었어요. 항아리 요정이 말했어요.

"이 물고기들을 잡아서 황제에게 바치도록 해라. 단, 그물은 하루에 두 번만 던져야 한다."

말을 마친 지니 요정은 발을 쿵 구르더니 땅속으로 홀연히 사라져 버렸답니다.

항아리 요정이 신의 이름을 걸고 어부를 죽이지 않겠다고 맹세했기 때문입니다.

답변으로 나올 수 있는 4개의 문장은 두반이 죽음을 맞이하기까지의 과정을 재구성할 수 있도록 짜여 있습니다.

> ① 이야기의 반전이 시작되는 대화문 따라 쓰기 → ② 두반이 죽기 전에 한 행동 확인하기 → ③ 왕의 행동과 그 이유 파악하기 → ④ 자신이 두반이라면 어떻게 할지 상상하여 쓰기

를 통해 이야기의 핵심 주제를 정리할 수 있도록 이끌어 주세요.

읽기 전 생각해 볼 것들

동화를 읽기 전 아이와 함께 제목, 삽화, 표시된 문장 등을 보면서 어떤 내용이 펼쳐질지 유추해 보세요.

1. 제목을 보고 왕의 최후가 어떠했을지 상상해 볼까요?

2. 삽화를 보고 어떤 이야기가 펼쳐질지 유추해 볼까요?

3. 보라색 문장처럼 마지막 부탁을 할 수 있다면 어떤 부탁을 할지 생각해 볼까요?

참고하세요 본책 p.111 정답 예시

1 이야기와 만나는 문장 쓰기 이야기의 반전이 시작되는 문장을 따라 써 봅니다. (왼쪽 보라색 문장 따라 쓰기)

2 이해하는 문장 쓰기 두반이 죽음을 앞두고 어떻게 행동했는지 확인합니다.

예시 두반은 가족들과 작별 인사를 하고 자기가 가진 가장 귀한 책을 왕에게 바쳤습니다.

3 생각을 발견하는 문장 쓰기 왕이 끝까지 두반을 죽이려고 한 이유를 생각해 봅니다.

예시 1 왕은 두반이 자신을 죽이기 전에 먼저 두반을 죽이려고 했습니다.

예시 2 왕은 대신의 말에 넘어가 두반이 자신을 죽이려고 한다고 믿었습니다.

4 상상하는 문장 쓰기 자신이 두반이라면 왕이 자신을 죽이려 할 때 어떻게 행동했을지 자유롭게 상상해 봅니다.

예시 1 내가 두반이라면 집에 다녀온다 말하고 가족과 함께 멀리 도망가겠습니다.

예시 2 내가 두반이라면 시간을 달라고 해서 대신의 말이 틀렸다는 것을 밝히겠습니다.

모아쓰기 네 개의 문장을 이어서 하나의 문단을 완성합니다.

예시 1 "죽기 전에 마지막으로 부탁 한 가지만 들어주십시오."
두반은 가족들과 작별 인사를 하고 자기가 가진 가장 귀한 책을 왕에게 바쳤습니다. 왕은 두반이 자신을 죽이기 전에 먼저 두반을 죽이려고 했습니다. 내가 두반이라면 집에 다녀온다 말하고 가족과 함께 멀리 도망가겠습니다.

예시 2 "죽기 전에 마지막으로 부탁 한 가지만 들어주십시오."
두반은 가족들과 작별 인사를 하고 자기가 가진 가장 귀한 책을 왕에게 바쳤습니다. 왕은 대신의 말에 넘어가 두반이 자신을 죽이려고 한다고 믿었습니다. 내가 두반이라면 시간을 달라고 해서 대신의 말이 틀렸다는 것을 밝히겠습니다.

가이드의 읽을거리 ● 스물한 번째 이야기부터 스물세 번째 이야기는 어부와 항아리 요정의 이야기 속에 나병에 걸린 왕과 의사 두반의 이야기가 있고, 또 그 안에 앵무새의 이야기가 있는 독특한 겹액자식 구조입니다. 이는 항아리 요정으로 비유되는 독자들에게 배은망덕한 사람의 최후에 대한 교훈을 효과적으로 보여주기 위한 장치입니다. 다른 사람에게서 받은 은혜와 덕을 잊어버리고 배신하는 사람은 벌을 받는다는 주제이지요.

책에서는 각각의 이야기에 충실하게 인물관계도를 구분하고 있기 때문에 세부적인 내용을 파악할 수는 있지만 이야기의 더 큰 구조를 한눈에 파악하기는 어려울 수 있습니다. 따라서 스물한 번째부터 스물세 번째까지 세 편의 이야기를 가지고 아이와 함께 총합적인 인물관계도를 만들어 보세요. 아이가 긴 글을 읽고 더 큰 이야기 구조를 파악할 수 있는 능력을 기를 수 있을 것입니다.

바그다드의 상인 알리 코기아

옛날 바그다드에 부유한 상인 알리 코기아가 살았어요. 하루는 알리 코기아가 멀리 여행을 떠나게 되었어요. 알리 코기아는 금화 천 냥을 항아리에 담고 그 위에 올리브를 가득 채워서 친구에게 맡겼지요.

"내가 돌아올 때까지 이 올리브 항아리를 잘 보관해 주게나."

친구는 흔쾌히 고개를 끄덕였고 알리 코기아는 마음 편히 여행을 떠났답니다. 그러고는 무려 7년이 흘렀어요. 어느 날, 친구는 문득 알리 코기아가 맡겨 놓은 올리브 항아리를 떠올렸어요.

"오랜만에 올리브나 먹어 볼까? 몇 알 좀 먹는다고 큰일이야 나겠어?"

친구는 입맛을 다시며 올리브 항아리를 열었지요. 그러나 올리브는 이미 곰팡이가 피어 있었어요. 친구는 항아리를 기울여 아래쪽 올리브도 꺼내 보려고 했어요. 그러자 올리브와 함께 금화 몇 닢이 데구루루 굴러 나왔지 뭐예요! 친구는 금화를 보자 욕심이 생겼어요. 항아리 속 올리브와 금화를 몽땅 꺼낸 다음 새 올리브를 채워 넣었지요. 그리고 뚜껑을 닫은 다음 알리 코기아가 놓았던 자리에 그대로 두었어요. 시간이 흐르고 얼마 뒤, 알리 코기아가 친구를 찾아왔답니다.

"정말 오랜만이군! 자네가 내게 맡겼던 올리브 항아리는 창고에 그대로 있다네."

알리 코기아는 친구에게 고마워하며 올리브 항아리를 찾아 집으로 돌아갔어요. 그러나 항아리 속에는 올리브만 가득 채워져 있었지요. 그제야 알리 코기아는 친구에게 자신이 속았다는 사실을 알았어요. 당장 친구를 찾아가 금화를 돌려 달라고 했지만 친구는 시치미를 뚝 뗐어요. 오히려 알리 코기아가 자신을 모함하려고 한다며 펄쩍 뛰었어요.

"자네가 언제 올리브 항아리에 금화가 들어 있다고 했나? 난 손댄 적 없다네!"

알리 코기아는 끝까지 발뺌하는 친구를 재판장으로 끌고 갔어요. 하지만 판사는 친구에게 무죄를 선언했지요. 알리 코기아는 할 수 없이 왕에게 탄원서를 보냈어요. 왕은 알리 코기아의 재판을 하루 앞둔 날, 신하와 함께 변장하고 거리를 걸었어요. 그러다 우연히 아이들이 알리 코기아 사건으로 재판 놀이를 하는 장면을 보았답니다. 판사 역할을 맡은 아이가 항아리 속 올리브를 꺼내 먹는 시늉을 하며 말했어요.

"맛있는 올리브로다. 그런데 올리브를 7년이나 두고 먹을 수 있는지 궁금하구나."

그러자 올리브 상인 역할을 맡은 아이가 머리를 조아리며 답했어요.

"올리브는 3년쯤 지나면 도저히 먹을 수 없게 됩니다. 재판장께서 드신 올리브는 올해 수확한 올리브가 틀림없습니다."

판사 역할을 맡은 아이는 고개를 끄덕였어요. 그리고 알리 코기아 친구 역할을 맡은 아이를 가리키며 엄한 목소리로 꾸짖었지요.

"이래도 네가 금화를 훔치고 새 올리브를 채워 넣은 사실을 부정할 테냐? 여봐라. 이 죄인을 극형으로 다스려라!"

왕은 아이들의 재판 놀이를 보고 무릎을 탁 쳤어요. 그다음 날, 왕은 판사 역할을 맡은 아이의 판결을 그대로 따라하여 알리 코기아의 친구에게 엄벌을 내렸답니다. 결국 알리 코기아의 친구는 죄를 인정하고 금화를 숨긴 장소를 밝혔어요. 또한 왕은 훌륭한 판결을 내릴 수 있게 도와준, 재판 놀이를 했던 아이들에게 상을 내려 총명함을 칭찬했답니다.

인물관계도 예시 답안

아이들의 재판 놀이를 보고 답을 찾았습니다.

답변으로 나올 수 있는 4개의 문장은 알리 코기아의 금화가 사라진 사건을 순서대로 따라갈 수 있도록 구성되었습니다.

> ① 주요 사건의 원인이 되는 대화문 따라 쓰기 → ② 알리 코기아의 친구가 한 행동 확인하기 → ③ 알리 코기아의 친구가 무죄를 받은 이유 파악하기 → ④ 자신이 알리 코기아라면 어떻게 할지 상상하기

를 통해 이야기의 흐름을 파악하고 자신의 생각을 밝힐 수 있도록 도와주세요.

읽기 전 생각해 볼 것들

동화를 읽기 전 아이와 함께 제목, 삽화, 표시된 문장 등을 보면서 어떤 내용이 펼쳐질지 유추해 보세요.

1. 삽화를 보고 제목의 '알리 코기아'가 누구일지 유추해 볼까요?

2. 삽화를 보고 어떤 이야기가 펼쳐질지 상상해 볼까요?

3. 동화 속 보라색 문장처럼 친구에게 올리브 항아리를 맡긴 이유를 생각해 볼까요?

✏️ **참고하세요** 본책 p.115 정답 예시

1 이야기와 만나는 문장 쓰기 ┃ 주요 사건의 원인이 되는 대화문을 따라 써 봅니다. (왼쪽 보라색 문장 따라 쓰기)

2 이해하는 문장 쓰기 ┃ 알리 코기아의 친구가 금화를 발견한 다음 어떻게 반응했는지 확인합니다.

예시 알리 코기아의 친구는 올리브 항아리에서 금화를 모두 꺼내고 새 올리브로 채웠습니다.

3 생각을 발견하는 문장 쓰기 ┃ 판사가 알리 코기아의 친구에게 무죄를 준 이유를 생각해 봅니다.

예시1 판사는 알리 코기아의 말만 듣고 증거도 없이 친구에게 벌을 줄 수 없었습니다.

예시2 판사는 훔치지 않았다는 친구의 말이 사실이라고 생각해서 무죄로 판결했습니다.

4 상상하는 문장 쓰기 ┃ 자신이 알리 코기아라면 여행을 떠나기 전에 금화를 어떻게 보관했을지 자유롭게 상상해 봅니다.

예시1 내가 알리 코기아라면 친구에게 금화를 맡아 준다는 약속을 글로 쓰라고 하겠습니다.

예시2 내가 알리 코기아라면 친구가 아니라 은행에 금화를 맡기겠습니다.

모아쓰기 ┃ 네 개의 문장을 이어서 하나의 문단을 완성합니다.

예시1 "내가 돌아올 때까지 이 올리브 항아리를 잘 보관해 주게나."
알리 코기아의 친구는 올리브 항아리에서 금화를 모두 꺼내고 새 올리브로 채웠습니다. 판사는 알리 코기아의 말만 듣고 증거도 없이 친구에게 벌을 줄 수 없었습니다. 내가 알리 코기아라면 친구에게 금화를 맡아 준다는 약속을 글로 쓰라고 하겠습니다.

예시2 "내가 돌아올 때까지 이 올리브 항아리를 잘 보관해 주게나."
알리 코기아의 친구는 올리브 항아리에서 금화를 모두 꺼내고 새 올리브로 채웠습니다. 판사는 훔치지 않았다는 친구의 말이 사실이라고 생각해서 무죄로 판결했습니다. 내가 알리 코기아라면 친구가 아니라 은행에 금화를 맡기겠습니다.

가이드의 읽을거리 ● 지혜로운 판결로 유명한 또 하나의 이야기가 있습니다. (《휘리릭 초등 4문장 글쓰기 탈무드 편》 112쪽 참조) 어느 날, 두 여자가 아기 하나를 데리고 솔로몬을 찾아왔습니다. 첫 번째 여자가 두 번째 여자의 아기를 훔쳤다지 뭐예요? 물론 첫 번째 여자는 아니라고 펄쩍 뛰었습니다. 이때 솔로몬은 여자들에게 살아 있는 아기를 반씩 갈라서 가지라고 했습니다. 한 여자는 기꺼이 그러겠노라 했지만 다른 여자는 눈물을 흘리며 차라리 상대 여자에게 아기를 주라고 하지요. 그제야 솔로몬은 진짜 판결을 내립니다. 아기를 포기한 여자가 아기의 진짜 엄마라고 인정한 것입니다.
일부의 사실만으로 무언가를 판단한다는 것은 매우 어려운 일입니다. 그런 만큼 자세한 상황과 사람의 마음을 잘 살피는 것이 필요하지요. 아이와 함께 다른 사람에 대해 판단할 땐 늘 조심해야 한다는 주제에 대해 이야기 나눠 보세요.

마지막 이야기

"왕이시여, 오늘 이야기는 어떠셨습니까?"

"아주 흥미진진했소. **내일 밤에는 그대가 또 어떤 이야기를 들려줄지 기대되는군.**"

샤리야르 왕은 만족스러운 표정으로 셰에라자드를 칭찬했어요. 셰에라자드는 미소 지으며 샤리야르 왕에게 인사했지요.

"감사합니다. 왕께서 마음에 들어 하시니 더없이 기쁩니다."

셰에라자드가 샤리야르 왕의 신부가 되어 처음 이야기를 들려준 지 어느덧 1,001일이라는 시간이 흘렀어요. 그동안 샤리야르 왕은 밤마다 이어지는 셰에라자드의 신기하고 재미있는 이야기에 흠뻑 빠져들었답니다. 날이 밝아 이야기가 끊어지면 뒷이야기가 궁금해서 견딜 수가 없었지요. 그래서 빨리 일과를 마치고 셰에라자드의 이야기를 들을 수 있는 밤이 되기를 손꼽아 기다리곤 했어요.

'어쩌면 이렇게 아는 것이 많고 말을 잘할까? 정말 지혜롭고 뛰어난 여인이로다.'

시간이 가면 갈수록 샤리야르 왕은 셰에라자드가 점점 좋아졌어요. 죽음을 각오하고 스스로 샤리야르 왕의 신부로 온 용기도, 위기 앞에서 주눅 들지 않는 의지도, 무궁무진한 이야기보따리를 풀어 놓는 말솜씨도 마음에 쏙 들었답니다.

'이토록 재능 있고 아름다운 여인을 꼭 죽여야 할까? 죽이기 너무 아쉬운데…….'

샤리야르 왕은 자기도 모르는 사이에 셰에라자드를 사랑하게 되었지요. 그리고 셰에라자드를 사랑하는 마음이 점차 커지면서 지난날 자신이 했던 잔혹한 맹세를 반성하기 시작했어요. 결국 샤리야르 왕은 고민 끝에 셰에라자드에게 고백했어요.

"셰에라자드, 그대와 천 일하고도 하루의 밤을 보내며 내 생각이 많이 바뀌었소. 지난날, 나는 나를 배신한 왕비에게 상처를 받고 그 분풀이를 죄 없는 여인들에게 했구려. 참으로 미안한 일이오. 이제 나는 나와 하룻밤을 보낸 신부를 다음 날 처형한다는 법을 폐지하려고 하오. 이는 그대가 용기 있게 내게로 와서 내 생각을 바꿔 준 덕분이라오."

"왕이시여, 정말 감사합니다."

셰에라자드는 샤리야르 왕의 말을 듣고 기뻐서 눈물을 흘렸어요. 샤리야르 왕은 셰에라자드의 손을 잡고 입을 맞추며 속삭였답니다.

"아름답고 지혜로운 그대를 사랑하오. 앞으로도 그대가 내 곁에서 신비로운 이야기를 들려주며 나만을 사랑해 주면 좋겠소."

"왕이시여, 저는 이미 지극히 사랑하고 있사옵니다."

샤리야르 왕과 셰에라자드는 서로 꼭 끌어안고 진심 어린 사랑을 확인했어요. 이 소식은 셰에라자드의 아버지인 재상에게도 흘러들어 갔어요. 셰에라자드가 죽지 않을 것이라는 사실을 알게 된 재상은 뛸 듯이 기뻐하며 온 나라에 널리 알렸지요.

"끔찍한 비극은 이제 끝났다! 더는 죄 없는 여인이 무참히 죽지 않아도 된다!"

온 나라 백성이 소식을 듣고 크게 기뻐했어요. 용감하고 아름다운 셰에라자드를 칭찬하며 샤리야르 왕과 셰에라자드의 사랑을 축복해 주었어요. 샤리야르 왕도 지혜롭고 용감한 왕으로 돌아왔지요. 백성들이 존경하고 사랑하는 본래 모습으로요. 그리고 사랑하는 셰에라자드와 아주 오래오래 행복하게 잘 살았답니다.

1001일 동안 밤마다 이야기를 해 주었습니다.

54

답변으로 나올 수 있는 4개의 문장은 샤리야르 왕이 셰에라자드 덕분에 자신의 잘못을 깨닫고 뉘우치는 과정을 순서대로 따라가도록 구성되었습니다.

> ① 이야기의 핵심이 되는 문장 따라 쓰기 → ② 샤리야르 왕의 마음 변화 확인하기 → ③ 샤리야르 왕이 자신의 잘못을 어떻게 생각하는지 파악하기 → ④ 자신이라면 어떻게 할지 상상하여 쓰기

를 통해 전체 《아라비안나이트》의 줄거리를 파악하고 자신의 입장에 적용하여 생각해 볼 수 있도록 도와주세요.

읽기 전 생각해 볼 것들

동화를 읽기 전 아이와 함께 제목, 삽화, 표시된 문장 등을 보면서 어떤 내용이 펼쳐질지 유추해 보세요.

1. 지금까지 이어진 긴 이야기의 마지막은 어떻게 끝나면 좋을지 생각해 볼까요?

2. 동화 속 보라색 문장은 누가 한 말일지 유추해 볼까요?

3. 삽화를 보고 셰에라자드가 어떻게 됐을지 유추해 볼까요?

✎ 참고하세요 본책 p.119 정답 예시

1 이야기와 만나는 문장 쓰기 이야기의 핵심이 되는 문장을 따라 써 봅니다. (왼쪽 보라색 문장 따라 쓰기)

2 이해하는 문장 쓰기 샤리야르 왕이 셰에라자드에게 느낀 감정을 이해합니다.

예시 샤리야르 왕은 셰에라자드를 점점 좋아하게 되었습니다.

3 생각을 발견하는 문장 쓰기 셰에라자드 덕분에 샤리야르 왕이 자신의 어떤 모습을 반성하게 되었는지 파악합니다.

예시1 샤리야르 왕은 왕비에게 상처를 받고 분풀이로 죄 없는 여인들을 처형한 잘못을 뉘우쳤습니다.

예시2 샤리야르 왕은 자신과 하루를 지낸 신부를 처형하는 법이 잘못되었다는 걸 깨달았습니다.

4 상상하는 문장 쓰기 자신이 셰에라자드라면 샤리야르 왕의 고백을 듣고 어떻게 했을지 자유롭게 상상해 봅니다.

예시1 내가 셰에라자드라면 샤리야르 왕에게 잘 생각했다고 칭찬하겠습니다.

예시2 내가 셰에라자드라면 샤리야르 왕에게 앞으로 잘하면 된다고 위로하겠습니다.

모아쓰기 네 개의 문장을 이어서 하나의 문단을 완성합니다.

예시1 "내일 밤에는 그대가 또 어떤 이야기를 들려줄지 기대되는군."
샤리야르 왕은 셰에라자드를 점점 좋아하게 되었습니다. 샤리야르 왕은 왕비에게 상처를 받고 분풀이로 죄 없는 여인들을 처형한 잘못을 뉘우쳤습니다. 내가 셰에라자드라면 샤리야르 왕에게 잘 생각했다고 칭찬하겠습니다.

예시2 "내일 밤에는 그대가 또 어떤 이야기를 들려줄지 기대되는군."
샤리야르 왕은 셰에라자드를 점점 좋아하게 되었습니다. 샤리야르 왕은 자신과 하루를 지낸 신부를 처형하는 법이 잘못되었다는 걸 깨달았습니다. 내가 셰에라자드라면 샤리야르 왕에게 앞으로 잘하면 된다고 위로하겠습니다.

가이드의 읽을거리 ● 개과천선(改過遷善)이라는 고사성어가 있습니다. 고칠 (개), 잘못 (과), 옮길 (천), 착할 (선)이라는 한자를 씁니다. 지난날의 잘못을 반성하고 착하게 변했다는 뜻이지요. 개과천선은 중국 남북조시대 진나라에 살던 주처의 이야기입니다. 주처는 힘이 세고 성질이 고약해서 주변 사람들을 괴롭혔어요. 하루는 주처가 사람들을 괴롭히던 호랑이와 용을 물리쳤습니다. 그래도 사람들은 여전히 주처가 자신들을 괴롭힐까 봐 두려워했지요. 이 모습을 본 주처는 자신이 그동안 얼마나 잘못했는지 깊이 뉘우치고 부단히 노력하여 착한 사람이 되었답니다.

샤리야르 왕도 개과천선하여 자신의 잘못을 뉘우치고 다시 좋은 왕이 되었지요. 이 뉘우침은 셰에라자드의 지혜 덕분이었어요. 1001일 동안 들려준 이야기가 빛을 발한 것이죠. 아이에게 앞장의 이야기들이 모두 셰에라자드가 샤리아르 왕에게 들려준 것이라는 설정을 알려 주고 자신의 잘못을 반성하는 것과 다른 사람의 잘못을 깨우쳐 주는 지혜에 대해 이야기 나누어 보세요.

기억하고 있나요? 정답

1장

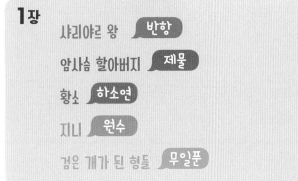

샤리야르 왕 　반항

암사슴 할아버지 　제물

황소 　하소연

지니 　원수

검은 개가 된 형들 　무일푼

2장

1 시	가	랑	5 순	돈
늉	2 추	모	도	6 사
미	3 부	말	7 호	위
헤	적	장	로	바
추	4 애	지	중	지

3장

알리바바 / 보물 / 열려라, 참깨! /

주문 / 목숨 / 범인 / 알리바바의 집 /

표시 / 비단 장수 / 무희 / 아들

4장 정답 ②

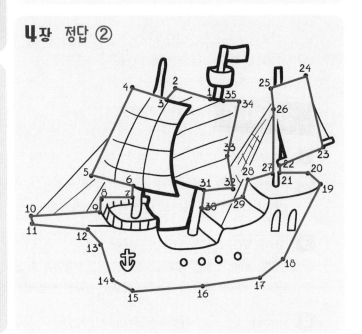

5장

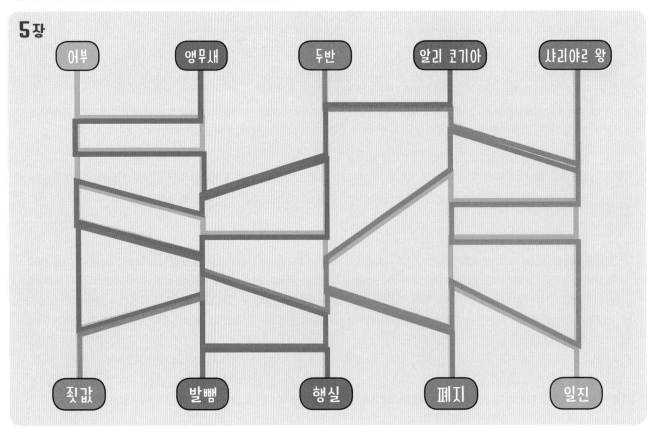

어부 　앵무새 　두반 　알리 코기아 　샤리야르 왕

죗값 　발뺌 　행실 　폐지 　일진

글을 읽고 생각을 나누며 아이와
즐거운 시간을 보내세요.